COSTUME
DES GRECS ET DES ROMAINS.

PREMIERE PARTIE.

USAGES CIVILS ET DOMESTIQUES.

Sixieme Cahier. *Planche I.*

LA plupart des meubles qu'avoient les Grecs & les Romains, étoient à peu près les mêmes que ceux dont nous nous fervons. Leurs tables d'appartement *a* étoient rondes, à-deffus de pierre ou de marbre bien poli, & portées fur trois montans en forme de jambes de lion *a*, quelquefois terminés en pied de biche, ferres d'aigle, ou pattes de quelqu'autre animal. Ils n'avoient point l'ufage des cheminées, n'échauffoient en hiver leurs appartemens qu'avec des brafiers *b* (*), & ne les rafraîchiffoient en été qu'avec des vafes pleins d'eau *c*. C'eft conformément à cette coutume qu'étoit conftruit en Italie un temple du Seigneur, où pendant le Service Divin on allumoit en hiver des poëles, dont les tuyaux paffoient dans le fût des colonnes : en été ces mêmes colonnes donnoient intérieurement paffage à des chûtes d'eau qu'on y portoit par le moyen des pompes. Les lits des Anciens, dont on ne voit ici qu'une partie *d*, étoient quelquefois fi hauts, qu'on étoit obligé de fe fervir de marchepieds pour y monter *e*. Au rapport d'Homere, ceux des Héros étoient faits de peaux de bêtes avec tout leur poil. Sur les peaux on étendoit de riches étoffes, des tapis & des couvertures, qui tout à la fois leur fervoient de fommier, de matelas & de draps. Leurs tapifferies confiftoient en repréfentations peintes ou fculptées des actions mémo-

---

(*) Voyez celui qui eft à la douzieme Feuille fuivante, Fig. *c.*

F

rables , des triomphes de leurs aïeux, en trophées d'armes *f*; & leurs deſſus de porte , en buſtes de fameux Guerriers *g h* (*). Uſage digne d'être imité dans une Ecole Militaire, pour éterniſer la gloire des Céſars , des Pauls-Emile & des Scipions François.

PLANCHE II.

LES ameublemens , dont nous venons de faire mention, offroient un ſpectacle bien héroïque. On ne voyoit de toutes parts que boucliers *a*, cuiraſſes *b*, caſques *c*, épées *d*, fleches, carquois *e*, prix militaires ou dépouilles *f*, *g*, *h*, conquiſes ſur les ennemis. Ces divers objets, la plupart arrangés en forme de figures humaines *i*, retraçoient de puiſſans motifs d'encouragement aux Militaires , rappelloient à tout inſtant aux jeunes citoyens la valeur de leurs ancêtres, & par des leçons muettes leur donnoient de beaux exemples à imiter.

PLANCHE III.

ON s'appercevra ici que dans toutes les occaſions je préſente l'étoile *a* comme un ornement & un attribut du ſacerdoce. Voilà un prêtre *b* Egyptien (**), qui dans une cérémonie civile eſt paré de ſon étole ; à combien plus forte raiſon ne devoit-il pas en être décoré dans l'exercice de ſes fonctions. Il eſt naturel d'inférer de cet exemple, que ce qu'ont pratiqué les Egyptiens, les Grecs qui emprunterent d'eux leurs principaux uſages ont pu le pratiquer auſſi, conſéquemment qu'ils ont ſouvent employé l'étole pour déſigner le caractere ſacerdotal. La coëffure du ſoldat, formée d'une dépouille de lion *c*, eſt connue de tout le monde ; mais l'ajuſtement du jeune fils de Germanicus *d* paroîtra peut-être étranger, même à bien des gens érudits, quoiqu'il ſoit autoriſé par l'antique. Il eſt probable que le Pouſſin n'auroit pas haſardé ſans raiſon une pareille licence : en tout

____

(*) C'eſt de-là que nous ſont venus tant de fragmens de bas-reliefs , & tant de buſtes antiques , dont quantité de galeries de Rome , de l'Italie & de toute l'Europe ſont ornées.

(**) Extrait d'après le tableau du Pouſſin, repréſentant le jeune Moyſe , qui foule aux pieds la couronne de Pharaon , lors de ſon adoption par Thermutis.

cas il mérite de faire autorité (*). Le pied du lit *e* & les marchepieds *f, g, h,* font extraits du même tableau. Ils ont un air d'antiquité & de richesse très-convenable au sujet. Quant aux armes *i* artistement jettées au pied du lit, elles annoncent qu'elles deviendront bientôt inutiles au Héros moribond.

P L A N C H E IV.

CETTE réflexion nous conduit au développement d'un usage des Romains, au sujet de la place de leurs armes. C'est dans l'alcove & presqu'au chevet du lit, qu'anciennement les Militaires déposoient leurs épées, leurs lances, leurs boucliers. Celui-ci *a* où est le monograme de Constantin, appartient à un soldat Chrétien à qui on administre l'extrême-onction (**). Tant qu'il conservera quelque espoir de santé, ses armes seront dans l'alcove : on les mettra au pied du lit quand tout espoir sera perdu. Les bas-reliefs anciens fourniffent plusieurs exemples de cette pratique : nous en avons cité un à la Planche II du cinquieme Cahier.

Les canapés des Grecs & des Romains *b, c,* reffembloient à nos lits de repos. Ils étoient garnis d'un léger matelas, d'un oreiller & de foubaffemens en forme de petits rideaux qu'on ouvroit & qu'on fermoit avec des cordons. On y prenoit quelquefois des repas après le bain : l'espece de trépied *d* l'indique.

P L A N C H E V.

OUTRE les canapés, les Anciens avoient des sophas *a* entourés d'un doffier, & des lits à dormir *b* conftruits à peu près de même, excepté qu'ils étoient plus bas, fans doffier autour, & avec des foubaffemens que les fophas n'avoient point. Pour s'y affeoir commodément, on ufoit d'un gradin *c*, où dans le befoin on élevoit une petite table à manger *d*. Quoique les lits à dormir fuffent garnis d'un doffier

---

(*) Dans le tableau de la mort de Germanicus par le Pouffin, qu'on admire à Rome au palais Barberini.

(**) L'Extrême-onction, peinte par le même, fe voit à Paris, au palais d'Orléans.

au chevet, on attachoit au mur un tapis *e* pour garantir de l'humidité. Bien des Romains & des Grecs conservoient une lumiere qui veilloit pendant leur sommeil. Ils avoient soin, pour cet effet, d'entretenir des lampes posées sur des guéridons *f*. Dans les tems héroïques, avant l'invention des lampes, on allumoit des branches de bois résineux qui brûloient par le bout.

Planche VI.

Nous donnons ici un second exemple de l'usage où étoient les Anciens de suspendre leurs armes *a* auprès du lit ; sans doute pour être plus à portée de les prendre en tout tems, au premier signal. C'est le Poussin qui nous fournit encore cette particularité de Costume, dans son tableau connu sous le nom du *testament d'Eudamidas*. La table *b*, le grabat *c*, le tabouret *d*, & sur-tout les expressions qu'il a introduites dans cette scene pathétique, prouvent l'attention de ce grand Peintre, à circonstancier avec exactitude, non-seulement les moyens, l'état, le caractere de son Héros, mais encore les dispositions & les sentimens de tous les personnages qui l'environnent : belle leçon pour les jeunes Artistes, qui, dans leurs compositions, se contentent souvent d'arranger des figures quelconques, sans leur donner une expression particuliere, & sans les accompagner d'accessoires qui caractérisent le sujet. On a joint à ces objets philosophiques la portion d'un triclinion *e f*, ainsi nommé, des trois lits dont ces meubles étoient composés (*). Nous les avons annoncés ci-devant ; dévoilons-en les détails.

Planche VII.

Les lits du triclinion chez les gens riches, étoient montés sur des couchettes sculptées en ornemens, & quelquefois incrustées en marqueterie *a*. Ils étoient garnis d'un matelas *b*, sur lequel on jettoit des tapis somptueux, de précieuses étoffes & des fleurs les plus rares ; un

---

(*) On appelloit biclinion ceux qui n'étoient qu'à deux lits.

grand traverſin les terminoit du côté de la table *c*, dont ils n'entouroient que trois côtés, laiſſant le quatrieme *d* libre pour la commodité du ſervice. On mettoit, près de ces lits, de grandes jattes pleines
d'eau *e* pour rafraîchir l'appartement ; & dans le fond, un rideau *f*
pour garantir des intempéries de l'air ; car on mangeoit ordinairement
dans de vaſtes ſalles ouvertes. C'eſt là que les convives, après avoir
pris la ſyntefe (*) & avoir quitté les ſandales, montoient à l'aide
d'un marchepied *g*, & ſe couchoient, appuyant le devant du corps &
le coude gauche ſur le traverſin, pour prendre ſur la table, de la main
droite, les mêts qui leur convenoient. On juge aiſément, par le petit
triclinion *h*, de quelle maniere toutes ces opérations ſe faiſoient ; on
en jugera encore mieux par la Planche ſuivante.

PLANCHE VIII.

LES triclinions étoient de diverſes formes. Nous venons d'en voir
deux, quarrés longs dans leur largeur ; en voici un, quarré long dans
ſa profondeur *a*, & un autre circulaire *b*. A la forme près, tous étoient
compoſés des mêmes parties, & diſpoſés de maniere, que le ſervice
ſe faiſoit commodément ; les convives recevoient à manger & à boire
ſans ſe trop déranger ; & tout le monde étoit à ſon aiſe. Dans les
grands repas, on ornoit de feſtons la principale face des lits ; & ceux
qui en étoient priés, ſe couronnoient de fleurs, ou de lierre ; on deſ-
tinoit le lierre pour les buveurs renommés (**). Les triclinions les plus
conſidérables contenoient au plus une vingtaine de perſonnes, ſix ou
ſept ſur chaque lit ; car les Romains n'aimoient pas à ſe trouver beaucoup
plus de douze ou quinze à la même table. Les femmes s'obſtinerent long-
tems contre l'uſage de ſe coucher : elles mangoient aſſiſes ſur les lits

---

(*) Eſpece de clamide dont les Anciens ſe ſervoient dans les grands repas pour ne point
ſalir leurs vêtemens.

(**) En général, les Anciens étoient grands mangeurs & fiers buveurs. Loin d'en rougir,
pluſieurs Héros dans Homere s'en font honneur. C'étoit une ſuite des travaux & des occu-
pations pénibles du corps, auxquels ils ſe livroient, & qui exigeoient d'eux une réparation
de forces proportionnée. Auſſi chez les Lacédémoniens, ce peuple auſtere & ſobre, on
n'avoit que du mépris pour ceux qui, dans les repas qu'ils prenoient en commun, ne mangoient pas avec appétit & beaucoup. Les Grecs & les Romains ſe livrerent au luxe & aux excès
de la table, dès qu'ils connurent & adopterent les autres vices de l'Aſie.

ou fur des chaifes , comme une maniere plus conforme à la décence de leur fexe ; cependant l'exemple & la coutume prévalurent , & le fcrupule céda. Cet ufage n'eut lieu que chez les Romains ; car les dames Grecques fe font toujours difpenfées de fe trouver dans les repas avec les hommes. Dans le triclinion, en forme de réfectoire , on a défigné les guirlandes des lits *c* , & la façon de fervir à manger *d* & à boire *e*. Dans celui qui eft en fer à cheval *b* , on s'eft contenté d'indiquer, par une cuvette & des urnes *f*, l'endroit *g* d'où le fervice fe faifoit.

PLANCHE IX.

L'OFFICIER qui préfidoit à l'économie de ces feftins , fe nommoit *Tricliniarque a*. Ses fonctions étoient de dreffer le buffet & les lits ; de fournir les fyntefes & les couronnes de lierre à qui on attribuoit la propriété d'empêcher , par fa fraîcheur , l'effet des fumées du vin; de faire choix du meilleur Falerne , du Chypre, du Lesbos le plus délicieux ; d'apprêter les liqueurs , & de faire fervir les coquillages (*) , les olives, les falades , les pâtifferies & les fruits. Il y avoit un intendant de cuifine , particuliérement deftiné pour la diftribution des viandes , & un écuyer tranchant pour les couper. Le Tricliniarque avoit ordinairement fa place à la partie libre de la table *b* , comme on le voit dans le repas du Pharifien, peint par Jouvenet à S. Martin-des-Champs. Le maître - d'hôtel n'avoit rien de particulier dans fon ajuftement , fi ce n'eft qu'il étoit couvert d'un bonnet, & que fa tunique étoit retrouffée autour des reins *c* , pour la facilité de fes fonctions. On a joint à cette figure la portion du buffet *d*, indiqué dans le même tableau de Jouvenet, & quelques uftenfiles de falle à manger.

PLANCHE X.

CHEZ les perfonnes opulentes, le fallon des feftins étoit décoré d'un buffet magnifique. C'étoit un amphithéatre d'urnes, de pateres , de vafes, de coupes, de préféricules , d'encenfoirs , de caffolettes ; le tout auffi

---

(*) Les Romains fe faifoient un grand régal des huîtres du *lac Lucrin* , très-renommé pour la bonté de ce coquillage.

admirable par la délicateſſe du travail, que par la rareté des matieres : c'étoient ordinairement des fruits de leurs victoires, & des dépouilles des Provinces qu'ils avoient conquiſes. La plus grande partie de ces riches feront plutôt à former un brillant ſpectacle, qu'à aucun uſage néceſſaire. Nous préſentons ici une collection aſſez conſidérable de ces objets. Mais, en admirant leur conſtruction, nous ne ſaurions nous refuſer à une remarque au ſujet des rapports, que, malgré leur variété réelle, ces uſtenſiles ont entr'eux dans la forme & dans les ornemens. Ils ſont d'un ſtyle ſi relatif les uns aux autres, qu'on diroit qu'ils ſont tous inventés par le même Auteur. On les a cependant extraits de différens maîtres. Le plat, les vaſes, la cuvette *a, b, c, d*, ſont d'après Bourdon ; l'aiguiere, les urnes *e, f, g*, d'après Boulogne ; le vaiſſeau en hauteur *h*, d'après l'Antique ; les cruches *i, k*, d'après Pouſſin ; le plateau & la coupe *l*, d'après le Sueur ; enfin la cuvette & les urnes *m*, d'après Jouvenet. N'eſt-ce pas que tous ces maîtres, ayant eu dans ces productions l'imitation de l'antique pour objet, ont été affectés d'un même goût que leur modele leur a inſpiré : motif qui rend ces rapports louables & dignes d'être imités, puiſqu'il en réſulte des ouvrages conçus dans la plus grande, mais la plus noble ſimplicité, comme tout ce qui vient de la ſource qui les a produits ? Il n'y a pas juſqu'au réchaud à l'eſprit de vin *n*, que nous a fourni Pietre-Teſte, qui ne porte ce caractere.

P L A N C H E XI.

C'EST ici une continuité d'uſtenſiles convenables à une ſalle de feſtin, vaſe *a b*, cuvette *c*, plateau *d*, tous objets néceſſaires à la commodité, ainſi qu'à la propreté du ſervice. On y a joint des lampes domeſtiques *d e*, extraites d'après le Pouſſin ; un riche vaſe à parfums *f*, d'après le Brun ; & une grande urne à rafraîchir les liqueurs *g*. Ces divers meubles de table déſignent tout à la fois la magnificence des Anciens dans les feſtins, leur coûtume de ne faire les grands repas qu'après le coucher du ſoleil, & l'uſage de parfumer leurs ſalles à manger pour diſſiper l'odeur des viandes. Le pied du lit *h* annonce le triclinion qu'on dreſſoit ordinairement dans les accubitoires ; (*) ſallons,

---

(*) On donnoit ces noms aux ſalles à manger des Anciens.

pour le remarquer en paſſant, qui n'appartenoient qu'aux grands & aux perſonnes fort à leur aiſe , & qu'on ne trouvoit point chez les gens d'un état médiocre.

P l a n c h e X I I.

En Grece, dans les grands repas & les fêtes publiques, les échanſons qui ſervoient à boire aux convives , étoient de jeunes gens de diſtinction ; chez les Romains c'étoient de jeunes eſclaves , couronnés de pampres , qui portoient une eſpece de ſynteſe ſur leurs courtes tuniques. Celui-ci *a* tient en main une caraffe & une coupe. Il eſt environné d'uſtenſiles, vaſe rafraîchiſſant *b*, braſier *c* (*) , caſſolettes *d*, *e* , pot à l'eau *f*, meubles affectés au local , & d'autres propres au manger ; fourchette *g*, cuillier *h*, divers manches de couteaux *i*, *k* , vaſe à odeur *l*, jatte *m*. Au milieu de ces objets néceſſaires à table , ſont les ſtatues de Paſquin *n* (**) & de Marforio *o* , dont les plus facétieux des convives ſe divertiſſoient à rapporter les plaiſanteries, les ſatyres & les bons mots. Ils n'oublioient rien pour exciter les eſprits à la gaieté , ajoutoient par leurs ſaillies aux délices de la bonne chere ; & faiſant ainſi l'agrément de la compagnie, ils la diſpoſoient de plaiſir en plaiſir aux divertiſſemens des jeux, de la muſique & de la danſe, qui terminoient les grands feſtins.

(*) On juge mieux par ce braſier que par le précédent (Pl. I , Fig. *b*.), que ces ſortes de meubles répondoient , par leur élégance & leur richeſſe , aux moyens du maître du logis : il y en avoit en orfévrerie , quoiqu'ordinairement ils ne fuſſent que de bronze doré , ou de cuivre poli. Nous avons oublié de dire , qu'outre la chaleur du bois odoriférant qu'on y brûloit , & que les Grecs eſtimoient bonne pour la ſanté , il en réſultoit une lueur éblouiſſante qui tenoit lieu de flambeaux.

(**) Statue de marbre qui eſt au coin du palais des Urſins à Rome. On aſſure que Paſquin étoit un ſavetier, dont la boutique étoit ordinairement remplie de gens oiſifs , qui s'amuſoient à entendre les boufonneries, & à rire des plaiſanteries qu'il faiſoit contre toutes ſortes de perſonnes ; qu'après ſa mort on appella, de ſon nom, la ſtatue d'un gladiateur qui fut trouvée ſous terre, il y a environ deux cents ans, proche de ſa boutique ; & qu'on y attachoit la nuit des billets ſatyriques. Dans ces dialogues mordans , on donna Marforio pour collegue à Paſquin : ce qui s'eſt continué juſqu'à préſent par une licence aſſez ſurprenante.

Fin du ſixieme Cahier.

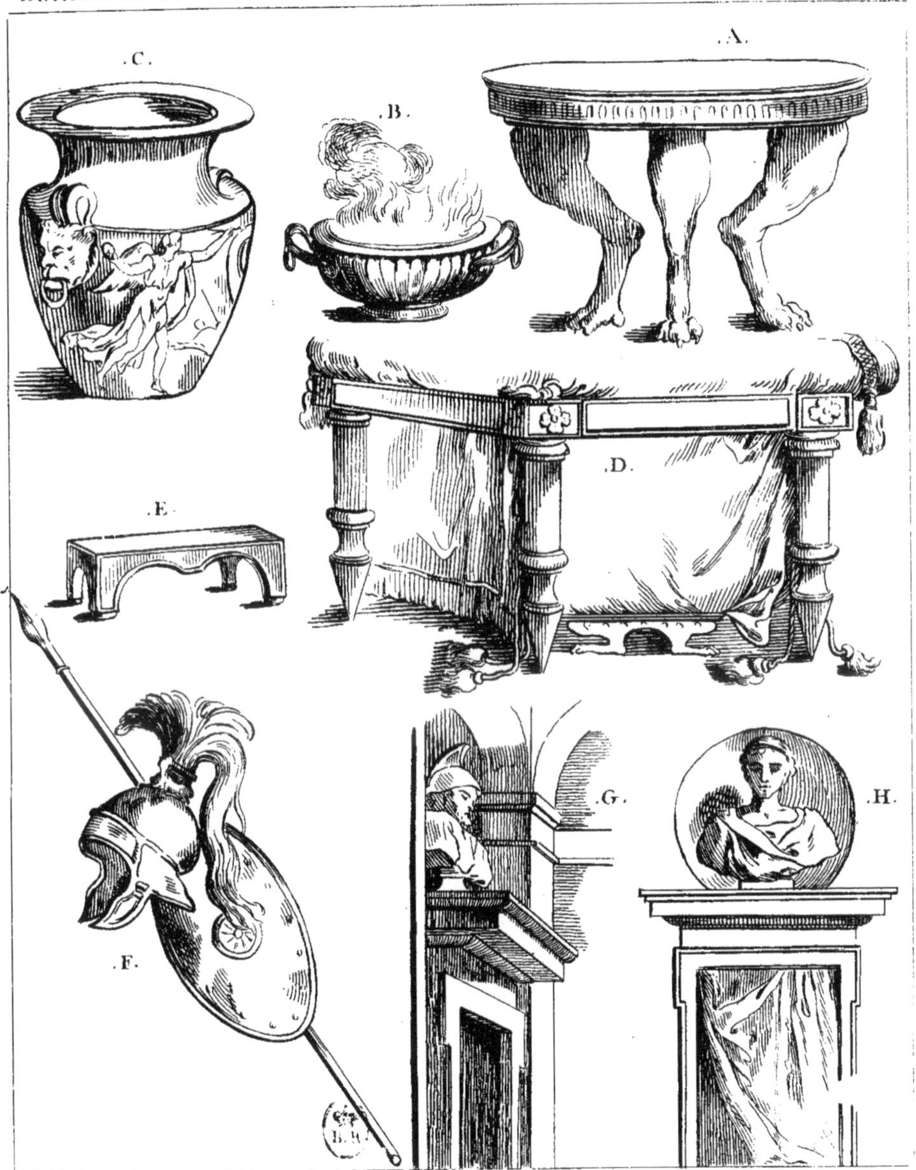
.C.
.B.
.A.
.D.
.E.
.F.
.G.
.H.

.C.
.C.
.B.
.A.
.I.
.D.
.I.
.D.
.C.
.B.
.E.
.I.
.H.
.D.
.G.
.F.
SPQR

6e Cer
Pl. III.
.C.
.B.
.A.
.E.
.D.
.F.
.G.
.H.
.I.

A.
B.
D.
C.

A.
D.
F.
B.
C.
E.

.A.
.B.
.C.
.D.
.F.
.E.

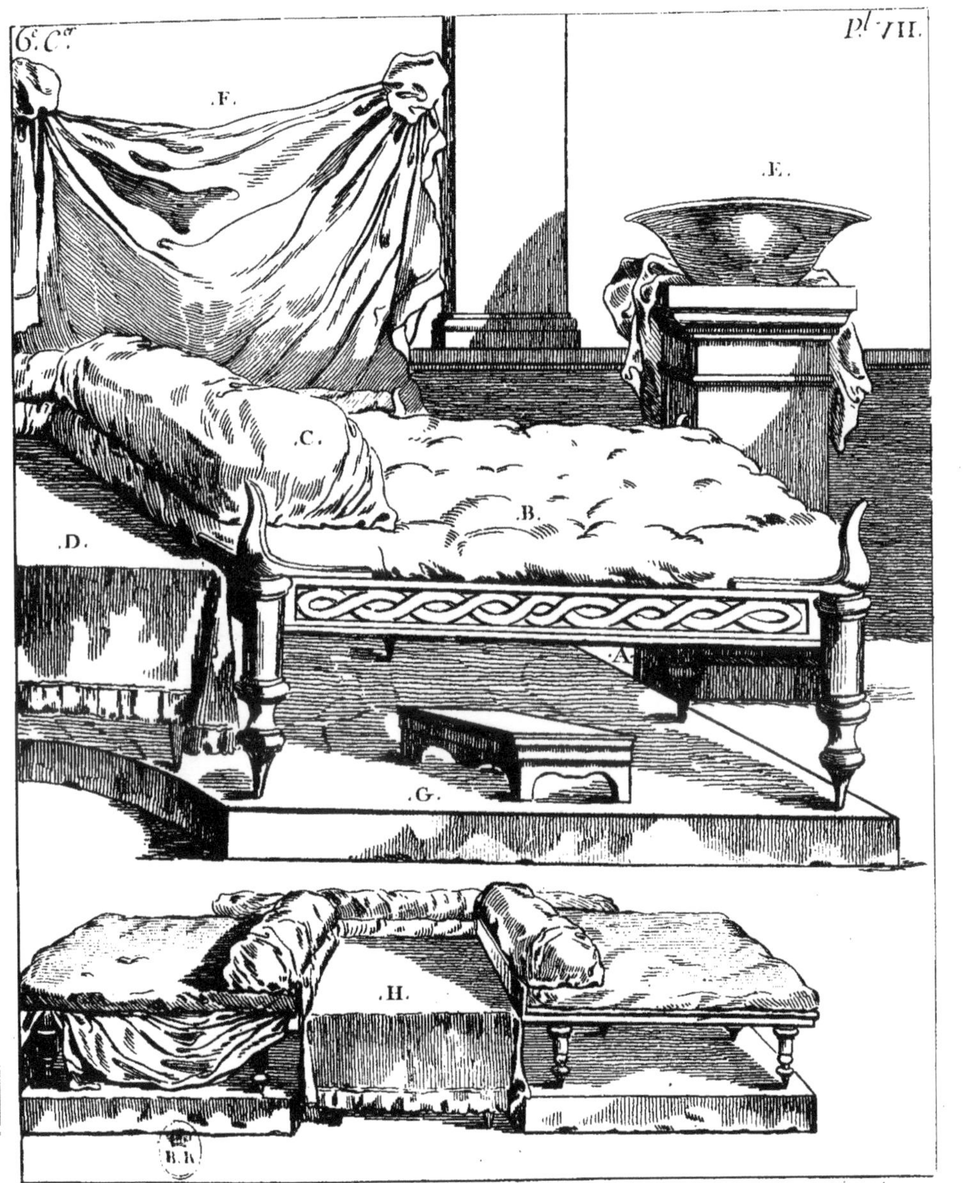
Pl. VII.
6.Cᵃ
.F.
.E.
.C.
.B.
.D.
.A.
.G.
.H.

.E.
.A.
.D.
.B.
.G.
.F.

A.
C.
B.

Pl. X
B.
A.
S.
C.
D.
E.
G.
F.
L.
I.
H.
M.
K.

.A.
.C.
.B.
.D.
.E.
.F.
.G.
.H.

6.cer
pl.XII.
D.
C.
B.
F.
A.
H.
G.
E.
L.
K.
O.
N.
I.
M.

COSTUME
DES GRECS ET DES ROMAINS.

PREMIERE PARTIE.
USAGES CIVILS ET DOMESTIQUES.
Septieme Cahier. *Planche I.*

Cette feuille appartient entiérement aux bains des Anciens (*).
Depuis que l'usage en eut passé de la Grece & de l'Asie à Rome,
ses citoyens y prirent beaucoup de goût, & en construisirent une
très-grande quantité. On présente ici un homme dans sa baignoire
au milieu de deux jeunes serviteurs *a* ; l'un le frotte avec une boule
de savon ; l'autre le décrasse avec le strigil. Les onguents, les
baumes, les huiles de senteur dont on l'oindra, & qui serviront à
le parfumer, sont à côté de lui dans des urnes de métal & des fioles
de verre *b*. On voit au-dessous un linge pour l'essuyer *c*, diverses sa-
vonettes & pierres-ponces, des strigils de cuivre, d'argent, d'ivoire
de différentes grandeurs *d*, destinés à plus d'un usage, & de petites
pinces *e* pour l'épiler. Plus une sorte d'entonnoir *f*, servant à trans-
vaser & à filtrer les eaux du bain ; un vaisseau de brique où on étoit
en usage de les faire chauffer *g* ; & le broc *h* dans lequel on les portoit
à l'étuve, lorsqu'avec la simpule *i* on avoit fait le mêlange convenable de la froide avec la chaude. Telle étoit la maniere de pré-

(*) A Lacédémone & à Rome, les bains furent long-tems communs aux deux sexes ;
avec la seule différence que les hommes étoient servis par des hommes, & les femmes
par des femmes. Les Empereurs Adrien & Marc-Aurele, sentant combien cette pratique étoit
indécente, ordonnerent des bains séparés pour chaque sexe : ce qui ne fut qu'imparfaite-
ment exécuté. Mais l'Empereur Constantin parvint à abolir tous les relâchemens & les
abus qui s'étoient glissés à ce sujet, malgré les sages ordonnances de ses prédécesseurs. On
ignore dans quel tems cette scandaleuse licence fut supprimée chez les Grecs. On croit que
ce fut sous Solon ; mais qu'elle eut encore lieu sous Alcibiade, tems auquel ces peuples
commencerent à quitter la barbe qu'ils portoient obstinément depuis le regne du légistateur
des Athéniens. Pline rapporte que ce ne fut qu'après 450 ans de la fondation de Rome que
les Romains firent venir des barbiers de Sicile, & qu'avant ce tems-là, ils ne connoissoient
ni l'usage de se raser, ni celui de se servir de bains chauds.

G

parer les bains. Pour les prendre à demi , pour de petites propre-
tés d'ufage , ou pour de légers befoins de fanté , il y avoit dans ces
étuves des cuvettes de cuivre à peu de chofe près pareilles à celle
qu'on voit aux jardins Borguefe , où l'antique a repréfenté Séneque *k*
prenant un demi-bain, avant que de s'ouvrir les veines. On fe baignoit
par plaifir , par précaution , par propreté & par remede.

PLANCHE II.

Au fortir du bain, chacun fe repofoit fur quelque fofa, canapé *a, b*
ou efpece d'inquiétude *c* , faifoit un léger repas de fruits *d* , & alloit
fe mettre au lit. Les Anciens pratiquoient cette coutume dans le cours
des grandes chaleurs pour fe préparer au fouper. Nous n'avons fait mention dans la planche précédente que des baignoires pour les demi-bains ,
& de celles dont on ufoit par propreté ; ajoutons que lorfqu'on fe baignoit par raifon de fanté, on fe fervoit de grandes cuves *e*, où tout le corps
étendu jouiffoit à l'aife de la falubrité du bain. La plùpart de ces cuves
étoient de marbre , de porphire , fculptées & enrichies d'ornemens ,
de têtes d'animaux en bronze : telle étoit celle où Poppée , maîtreffe &
puis femme de Néron , fe baignoit dans du lait d'âneffes , afin de con-
ferver la blancheur & la délicateffe de fa peau. Les tuyaux & les ro-
binets *f*, qui fervoient à conduire & à diftribuer les eaux dans les ré-
fervoirs , étoient ornés de même : une petite lampe *g* éclairoit l'endroit
où paffoient ces tuyaux.

PLANCHE III.

Les fiéges des Anciens *a*, leurs tabourets *b* , parafols *c*, marchepieds *d*, &c. étoient reffemblans aux notres & à ceux que l'on voit encore dans nos vieux châteaux ; on en retrouve dans l'antique avec des
oreillers , des tapis & des houffes *e* : c'étoient-là les meubles ordinaires
des appartemens. Dans les cabinets dominoit un fauteuil en forme de
trône *f*, où , affis avec oftentation , les Patriciens donnoient audience
aux Favoris & aux Clients (*). Les autres fiéges, un peu plus petits que
ceux de leurs fallons de compagnie, avoient prefque le même gabarit.

____

(*) Les Clients étoient ceux des Plébeiens, que les Patriciens prenoient fous leur protection : c'eft Romulus qui les inftitua.

Planche IV.

On préfente ici plufieurs Grecs, d'âge, d'état & de fexe différens, pour faire mieux fentir par la confrontation, combien ces peuples mettoient peu de variété & de fafte dans la façon de fe vêtir. Leur habillement ne confiftoit qu'en une tunique & un manteau nommé *Pallium;* c'étoit proprement l'habit des Grecs. La tunique étoit de lin ou de coton, pour l'ordinaire de couleur blanche, & fe mettoit immédiatement fur la chair; ils la quittoient en fe couchant, & dormoient nuds. Elle avoit des manches affez larges qu'ils retrouffoient jufqu'au coude *a*, fe lioit avec une ceinture fous l'eftomac, & defcendoit jufqu'aux pieds. Le manteau qu'ils portoient fur la tunique, & dont ils s'enveloppoient à volonté *b*, étoit une fimple piece de drap volumineufe & plus ou moins riche, felon l'état, la vanité & la fortune de chacun. Les plus diftingués le faifoient de pourpre, & l'enrichiffoient de broderies d'or ou d'argent; les perfonnes de confidération le faifoient d'un tiffu précieux, & le bordoient de feftons; les gens ordinaires n'y employoient que du drap commun, & les philofophes *c* fe contentoient d'une étoffe groffiere, qu'ils endoffoient à nud fans tunique, & qu'ils affectoient fouvent de porter fort mal-propre & déchirée. L'ajuftement des anciens Militaires Grecs *d* étoit formé d'une courte tunique, furmontée d'une clamide, efpece de manteau, qu'on agraffoit au-deffus de l'épaule droite, & qui par derriere couvrant tout le dos, tomboit jufqu'aux talons. Dans des tems ils ont porté leur épée, pendante du col fur la poitrine, comme on dit que Galba portoit fon poignard, & comme certains Sauvages portent le leur. Nous avons affocié à ces divers perfonnages Grecs, une jeune Athénienne *e* pour donner une idée du vêtement affez libre des femmes dont nous allons faire mention.

Planche V.

Les femmes Grecques n'avoient d'ordinaire pour habillement qu'une robe & un manteau: les dames de qualité y ajoutoient une fymarre (*). Leur robe *a* étoit plus longue que la tunique des Grecs, & leurs manteaux *b* plus légers s'agraffoient de même. Souvent elles avoient deux

---

(*) La fymarre étoit un ample manteau à queue trainante, qu'on attachoit fur l'épaule droite, & qui portant à plein fur la gauche, formoit en tombant une grande quantité de plis qui lui donnoit beaucoup de graces & de majefté: auffi les actrices qui jouoient des rôles héroïques, s'en fervoient-elles fur le théâtre, comme elles s'en fervent encore aujourd'hui.

tuniques fans manches, les Grecques étant en ufage d'avoir les bras dé-
couverts comme les hommes. La plus courte de ces tuniques, ceinte au-
deffous du fein, ne defcendoit qu'à mi-corps *d*; mais la plus longue
tomboit jufques fur les pieds *e*. Les filles fpartiates *f*, qui portoient la
licence des mœurs jufqu'à combattre nues dans les cirques, & à
danfer ainfi avec des garçons, ne fe faifoient point de fcrupule d'aller
avec une fimple robe qui tomboit à peine au-deffus des genoux.
Au rapport de Plutarque, Sophocle, dans la defcription qu'il en fait,
s'exprime en ces termes : « cet habit étoit très-court, c'eft tout ce que
» j'en dois dire ». On prétend que cette robe étoit ouverte par le
bas, laiffant prefque toutes les cuifes & les jambes à découvert : ce
qui, joint à la nudité des bras, donnoit à ces filles un grand air d'in-
décence. Licurgue, en le leur permettant, avoit, dit-on, le bien de
la Patrie pour objet (*). Les jeunes Grecques *e* n'avoient pas d'autres
habits que leurs meres, qui fouvent au lieu d'agraffer leur manteau, le
tortilloient autour du corps *f*, ou le portoient à la main *g*.

PLANCHE VI.

VOICI l'Atalante antique *a* qui juftifie la forte d'immodeftie que
nous venons de remarquer dans les filles fpartiates. Il faut préfumer
que les Anciens avoient de la pudeur, une autre idée que nous. Mille
démonftrations extérieures que la politeffe, la délicateffe du fiecle, &
la pureté de notre Religion rendroient monftrueufes, n'étoient pour
eux d'aucune conféquence. A en juger par la Diane *b*, par l'Athalante *a*
que nous examinons, les jeunes Grecques qui s'exerçoient à la courfe,
à la chaffe, à la danfe, à lancer le palet & le javelot, devoient être
vêtues de maniere que rien ne gênât leur foupleffe & leur agilité. La
Diane antique *b* que nous expofons ici, annonce par fon déshabillé,
apperçu à travers fon manteau, qu'elle eft en état de vaquer commodément à l'exercice de la chaffe (**).

PLANCHE VII.

LE principal habillement des Romains, & qui leur étoit propre,
fe nommoit *Toga* : pour cette raifon Cicéron les appelle *Togati*. La

---

(*) Voyez Moreri à l'article de Lacédémone, & Montfaucon à celui des mariages.
(**) Cette Diane, furnommée *Venatrix*, fe voit à Rome dans les jardins du Marquis
Junii ; & l'Athalante antique dans les maifons dites *à valle*.

toge étoit une robe de laine blanche, fermée par devant & sans manches *a*. Elle leur enveloppoit tout le corps, de maniere que leur bras droit
sortoit par le haut, & de leur bras gauche ils en relevoient le bord par le
bas. Les personnes de distinction, telles que les Sénateurs *b*, les Consuls & autres Officiers avoient seuls droit de la porter. Cette robe
recouvroit une longue tunique, dont les manches larges, mais courtes, laissoient les deux tiers du bras à découvert.

Le vêtement de ceux qui ne portoient point la toge *c* étoit formé
d'une tunique courte, dont les manches assez larges ne descendoient
que jusqu'au-dessus du coude. Ils y joignoient le *Paludamentum*, manteau ressemblant au *Pallium* des Grecs, qu'ils attachoient sur l'épaule
droite avec une boucle ou un bouton. A l'égard des Philosophes romains *d*, ils ne différoient des Philosophes grecs, qu'en ce que leur
manteau, qu'ils portoient sans tunique & à nud, comme ceux-ci, étoit
d'une étoffe moins grossiere & moins mal-propre.

Les jeunes gens de noble famille Romaine *e* prenoient la robe prétexte, environ à l'âge de seize ans. C'étoit une espece de toge bordée d'une bande de pourpre. Les Grecs l'endossoient de même. Les
Augures, les Dictateurs, les principaux Ministres de la Religion & les
Magistrats portoient la robe prétexte, comme une des marques de
leur dignité. Les jeunes gens de distinction portoient aussi la bulle *f*,
espece de médaille, ou bijou de forme arbitraire ; ils l'attachoient au
col par un ruban, ou une chaîne d'or. La bulle descendoit sur l'estomac, comme les cœurs & autres colifichets dont les femmes se parent
encore aujourd'hui. L'espece de boisseau couvert *g*, placé au pied du
jeune Romain, est un de ces *Scriniums* où les Sénateurs tenoient leurs
rouleaux, leurs tablettes, leur encrier & leurs cannes à écrire. On a
placé ici des Licteurs *h*, parce que ces sortes de gardes accompagnoient
les Magistrats, dont il vient d'être fait mention. On en détaillera les
vêtemens & les faisceaux dans les usages militaires, à la Planche X
du dixieme Cahier.

P L A N C H E   V I I I.

Cette figure de vêturie *a*, dont le Gros (*) a placé une si belle
copie au jardin des Thuileries, ne répond pas à l'idée que nous avons
de la décence des Romaines dans leur parure. Ses bras nuds, sa gorge

____

(*) Fameux sculpteur François. L'original de la vêturie est au palais *Justiniani*.

découverte, femblent contredire cette bonne opinion. De deux chofes
l'une : ou le préjugé que l'on a de cette prétendue décence eft faux, ou
c'eft-là une dame Grecque & non une dame Romaine, comme il plaît
à bien des gens de la qualifier. A l'égard de la Sabine *b* du palais *Lu-
dovifiani*, rien n'empêche de la croire telle; la décence de fon ajuftement, la nobleffe de fon maintien indiquent parfaitement une habitante
de l'Italie qui a adopté les mœurs de fa nation & de fon fiecle.

PLANCHE IX.

ON voit dans ces trois figures le véritable ajuftement des dames
Romaines fous le regne des Empereurs. Une longue tunique, un
ample manteau les habillent avec autant de modeftie que d'élégance.
Les deux figures *a b* n'ont point de caractere ni de nom qui nous foient
connus ; mais la troifieme *c* eft annoncée dans les antiquités de Montfaucon, pour une Agrippine. Elle eft décorée de la *Stola d*, parure
ordinaire des Romaines de qualité qui les diftinguoit, comme la toge
diftinguoit les Sénateurs & les Patriciens. C'étoit une tunique de pourpre furmontée d'un manteau léger, & d'une bande d'étoffe d'or, qui
traverfant l'eftomac, tomboit jufqu'aux genoux. Les diverfes chauffures qu'on voit ici, appartiennent aux femmes Romaines de différens
états; pour cette raifon elles font plus ou moins riches. Les unes font
à jour comme des fandales attachées fur le pied avec des rubans ou
de légeres bandes de cuir ; les autres font fermées comme des fouliers *e* : on les couvroit d'étoffes blanches ou rouges; les troifiemes *f*
font en forme de brodequins, & montent jufqu'au milieu de la jambe.
En général toutes ces chauffures ne différent guere de celles que
nous allons expofer.

PLANCHE X.

LES Grecs & les Romains marchoient ordinairement pieds nuds.
Ils ne fe chauffoient que lorfqu'ils alloient en voyage, à la chaffe, ou
à la guerre. Leur chauffure confiftoit en une femele de cuir affujettie
avec des rubans, des bandelettes ou des courroies, qui après s'être
croifés fur le pied en diverfes manieres, fe renouoient entre les che-
villes & le mollet : deux de ces rubans paffoient entre le gros orteil
& le premier doigt *a, b, c,* & fervoient à ferrer la chauffure : c'eft de
cette maniere que les femmes ferroient leurs fouliers. A la femele fuc-
céda une fandale qui de fes courroies couvroit quelquefois les doigts du

pied, ou une partie du deſſus *d*, & d'autres fois juſqu'au talon *e*. Les Patriciens & les Sénateurs ajoutoient à leur chauſſure une lunelle d'or, d'argent, ou d'ivoire *f*, qui leur tenoit lieu de boucle. Pour marcher ſur la glace ou dans les endroits gliſſans, les Anciens ſe ſervoient de chauſſures hériſſées de pointes de fer *g*. Nous verrons ailleurs, que par ſingularité certains philoſophes portoient de groſſes ſemeles de bois armées de têtes de cloux.

Planche XI.

DANS certaines réjouiſſances ſolemnelles, comme les Orgies, les Saturnales &c. les Anciens hiſtorioient leurs coëffures, en ſe déguiſant; les hommes en Bacchus, en Prêtres des Divinités, en Faunes, & mêlant dans leurs cheveux des pampres de vigne *a*, des branches d'arbres *b* & des feuilles de lierre *c*. Les femmes, ſe couronnoient de roſeaux *d*, de fleurs *f*, quelquefois nouoient leurs cheveux avec des ſerpens *e*, & ſe déguiſoient en Mégeres, en Flores, en Naïades. D'autres plus raiſonnables dans leur maſcarade ſe contentoient de treſſer élégamment leurs cheveux *g*, de les enrichir d'un diadême *h*, de les contenir ſous un voile *i*, ou ſous une couronne feſtonnée *k*, à la mode des Perſes. Mais parmi les plus modeſtes, qui n'ajoutoient à leur coëffure ordinaire qu'une aiguille d'or, quelques tours de perles *l*, ou une ſimple gaze rayée & frangée par les bords *m*, on voyoit quelquefois des femmes échevelées *n*, qui couroient dans les rues comme des Baſſarides. (*).

Planche XII.

LES Grecques & les Romaines ont porté dans des tems à l'excès la paſſion de la parure & des bijoux. Elles ſe formoient des ajuſtemens de tête ſinguliers, en imaginoient des modeles *a*, & les faiſoient exécuter par d'habiles Perruquiers (**) qu'elles employoient à

(*) C'étoient des ſuivantes de Bacchus, qui dans les Orgies ſe ſignaloient par leurs extravagances.

(**) Les Dames Romaines n'ignoroient pas l'art d'employer de faux cheveux à leur coëffure, quand elles n'en avoient pas aſſez de naturels. Elles uſoient de pâtes propres à conſerver la fraicheur du teint & la compenſoient par l'emploi du blanc, quand la nature les en avoit privées.

Nota. On a déſigné par une même lettre les divers bijoux d'une même eſpece.

diverſes fins. A ces coëffures elles ajoutoient des aiguilles d'or de toute eſpece, ſouvent enrichies de petites figures auſſi d'or *b*. Leurs boucles d'oreille, dont elles avoient une très-grande quantité *c*, étoient de perles, de riches criſtaux, de pierres précieuſes montées en or émaillé ; leurs bagues n'étoient pas en nombre moins conſidérable *d*. Il ne leur ſuffiſoit pas d'en avoir une à chaque main ; tous les doigts en étoient garnis, à l'exception de celui du milieu ; & par un rafinement de luxe, elles en avoient de légeres pour l'été, & de plus peſantes pour l'hyver *e*. Le bracelet *f* que l'Antique a mis à la figure de Lucile, femme du collégue de Marc - Aurele, nous perſuade que les bracelets à trois rangs de perles étoient alors d'uſage ; il y en avoit d'une autre ſorte nommés *Spinther*, qui ſe mettoient au haut du bras gauche (*). A l'égard des pierreries, les dames Romaines en étoient ſi curieuſes, qu'on en trouva pour près de trois millions à Lollia-Pauline (**). Ce goût de parure ne regnoit pas ſeulement chez les Romaines de qualité, il s'introduiſit chez les femmes du commun ; l'on a vu des Plébeïennes porter des carcans d'argent *g* à leurs pieds, & mêler à leurs coëffures des chaînettes avec des cigales d'or (***). Dans les grandes parures des dames Grecques, le bijou le plus uſité étoit le *Pſellion h*, ornement garni de pierres précieuſes qui tenoient les unes aux autres par de petites chaînes pendantes, & que ces dames portoient au col ou au bras. En ces tems les hommes comme les femmes ornoient de riches agraffes *i* leurs ceintures, leurs palliums, & les Militaires leurs porte-épées. Les jeunes perſonnes s'amuſoient quelquefois au jeu des oſſelets *k* pendant qu'on arrangeoit leurs coëffures, ou à écrire leurs petits billets avec des ſtilets d'or *l*.

(*) On pourroit croire que les Perſes portoient le *Spinther* au bras droit, & que c'eſt un bracelet de cette ſorte que le Brun, dans ſa bataille d'Arbelle, a prêté au Seigneur de l'Armée de Darius qui eſt repréſenté ſur le devant du tableau, ſe livrant à la fuite.

(**) Agrippine la fit mourir par reſſentiment de ce qu'elle avoit été en concurrence avec elle pour épouſer l'Empereur Claude.

(***) Petits ornemens en forme de cigales, dont les Grecs s'entouroient la chevelure & le front.

Fin du ſeptieme Cahier.

.B.
.B.
.A.
.C.
.D.
.D.
.E.
.F.
.H.
.G.
.K.
.I.

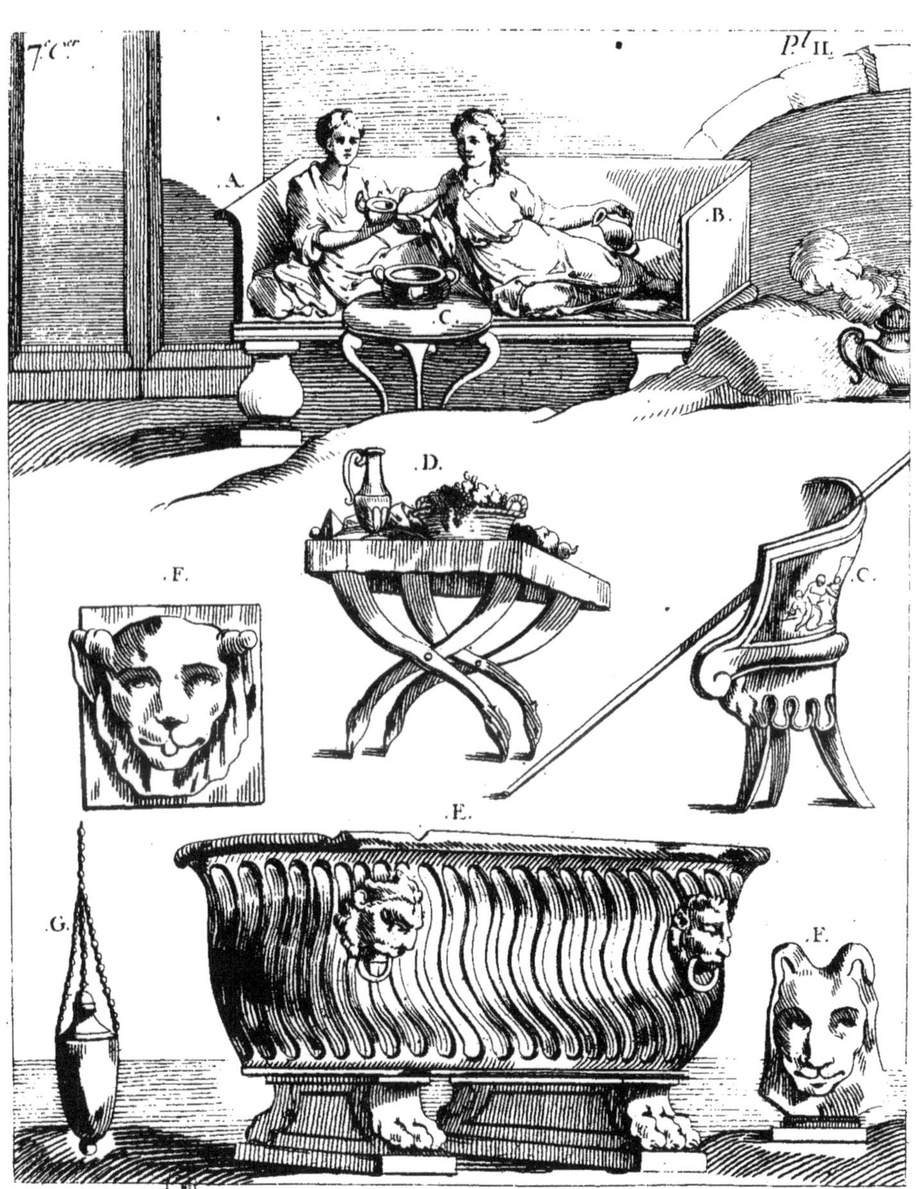

7.er
Pl. II.
.A.
.B.
.C.
.D.
.F.
.C.
.E.
.G.
.E.

.A.
.C.
.A.
.E.
.A.
.B.
.E.
.F.
.D.
.B.
.D.

7.e C.er
Pl. IV.
A.
E.
B.
C.
D.

F.
B.
A.
B.
E.
D.
G.
F.
E.
E.

.A.
.B.

.A.
.B.
.C.
.D.
.E.
.F.
.G.
.H.

.A.
.D.
.D.
.B.
.C.
.D.
.F.
.F.
.F.
.E.
.F.

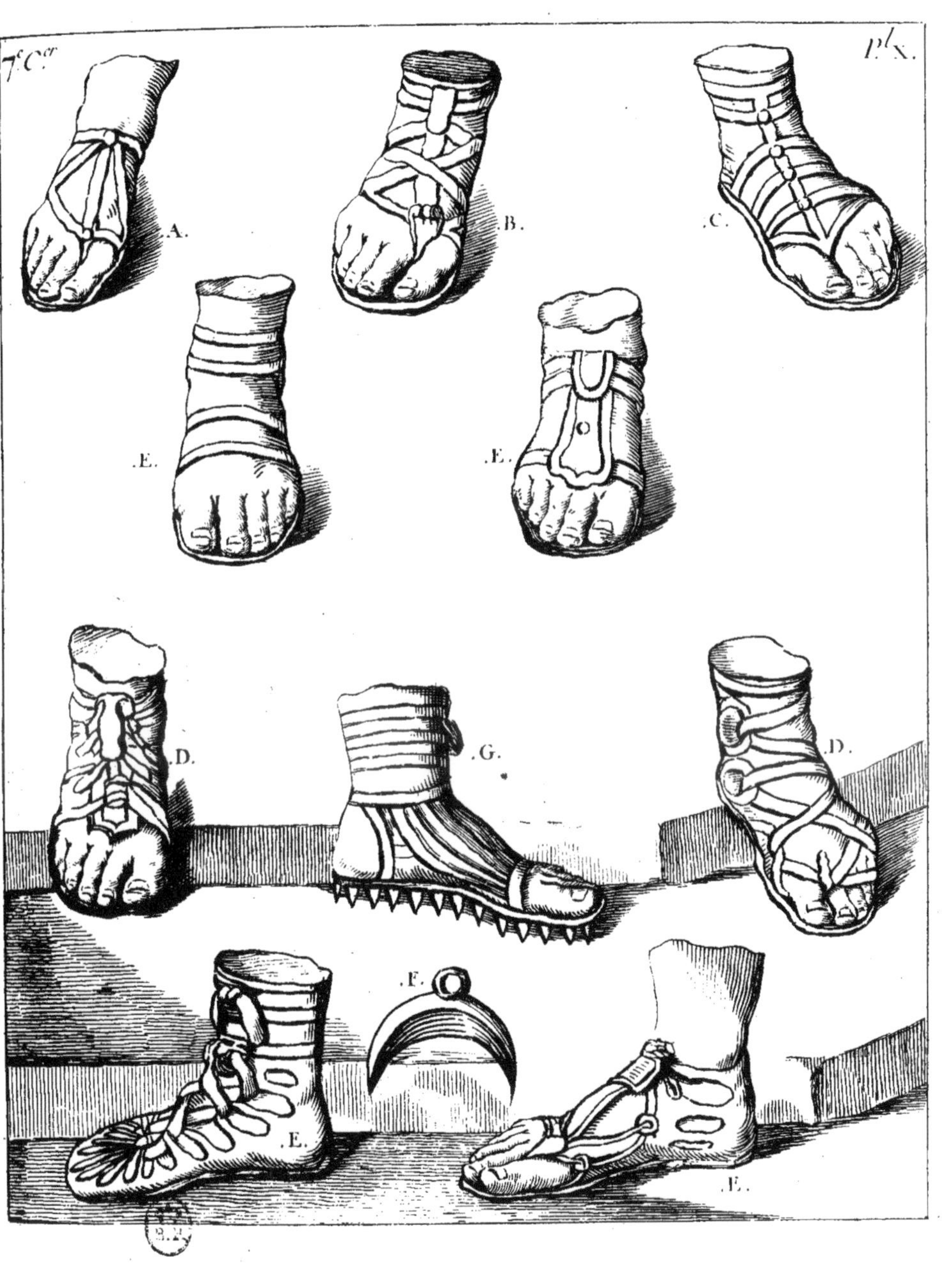

7.C.er
Pl. X.
A.
B.
.C.
.E.
.E.
.D.
.G.
.D.
.E.
.F.
.E.

C.
B.
A.
Pl. XI.
F.
E.
D.
K.
I.
H.
G.
M.
N.
L.

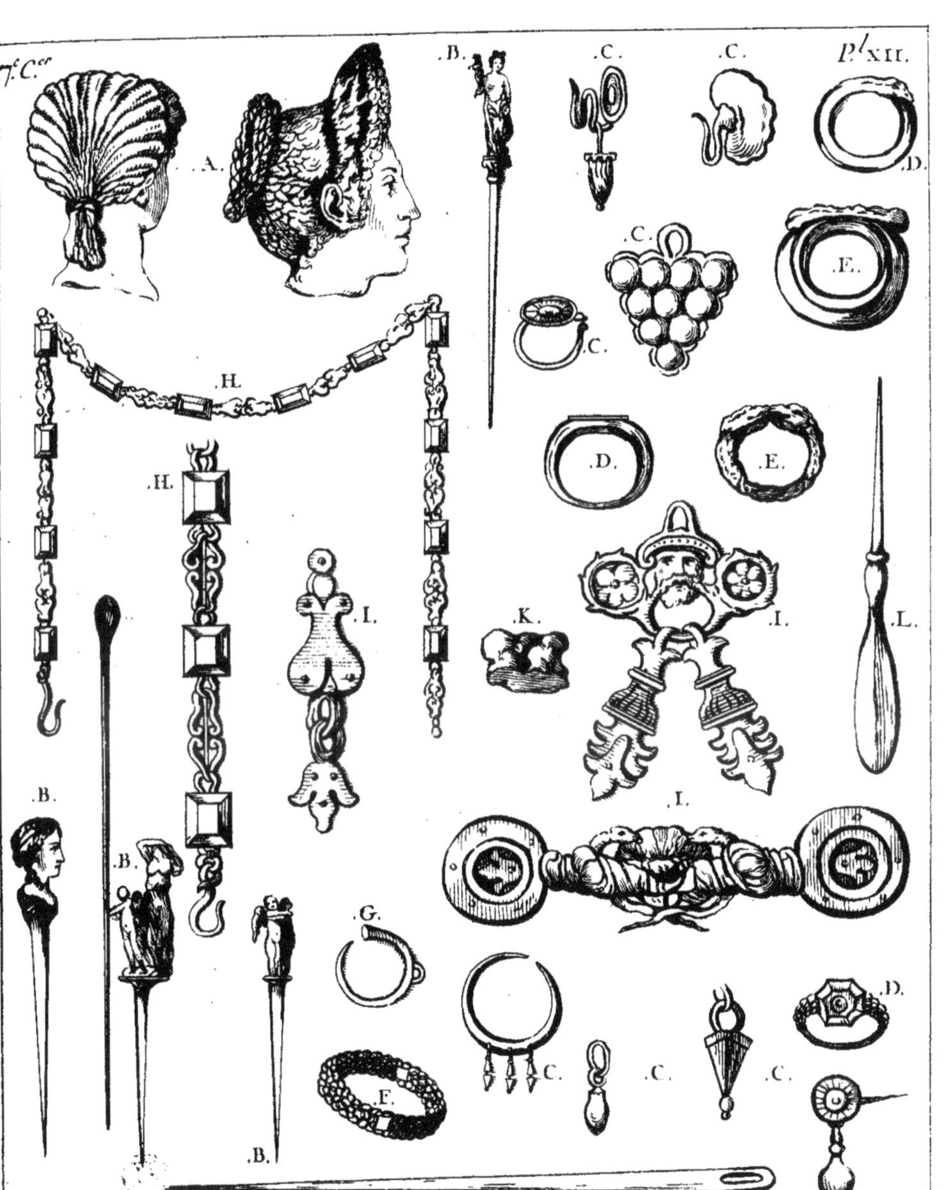

Pl. XII.

COSTUME
DES GRECS ET DES ROMAINS.

PREMIERE PARTIE.
USAGES CIVILS ET DOMESTIQUES.
HUITIEME CAHIER. *PLANCHE I.*

LE mariage des Anciens se concluoit sans cérémonie (*). Il suffisoit pour la validité de l'acte que les Fiancés se donnassent mutuellement la main, & se jurassent une fidélité inviolable ; dès lors l'engagement étoit contracté : c'est ce que représente le groupe ci-joint *a*. On lui a associé le lit nuptial *b*, l'espece d'autel *c, c* qu'on plaçoit dans la chambre des nouveaux Epoux pour y offrir un sacrifice à Junon qui présidoit à ces fêtes, & la patere *d* pour répandre des libations sur tous les meubles, avant & après la cérémonie complete des noces. Cette patere, l'autel & le lit sont extraits de la *noce Aldobrandine ;* ouvrage renommé, pour être le seul tableau antique, que le tems ait transmis aux Romains.

PLANCHE II.

C'EST chez la Mariée que se faisoit ordinairement la consommation du mariage. Quand on la conduisoit chez son Epoux, elle étoit vêtue d'une longue robe blanche ou couleur de safran, comme étoit d'ordinaire le voile des fiancées ; un grand manteau l'enveloppoit entierement & lui cachoit une partie du visage *a*. Plusieurs de ses compagnes la suivoient ; les unes portant des guirlandes *b* pour parer la chambre nuptiale ; les autres, des tourterelles *c*, symboles de l'union conjugale. Un jeune enfant les précédoit, chargé du flambeau de l'hymen *d*, & un poëte couronné de feuilles *e* chantoit des épitalames à la tête du cortege. Il étoit d'usage de laver & d'embeaumer les pieds de la mariée avant qu'elle entrât dans le lit que lui avoit préparé son époux, &

(*) Pour faciliter les mariages, les Assyriens assembloient tous les ans dans un même lieu les filles qui étoient en âge d'être mariées. Un crieur public les mettoit à prix les unes après les autres ; & les plus riches citoyens mettoient à l'enchere celles dont la figure leur paroissoit la plus agréable. Cet argent servoit à marier les plus laides ; le marché se faisoit alors au rabais, & on les donnoit à ceux qui se contentoient du moindre prix.

H

lorfqu'elle en fortoit *f*. A cet inftant une forte de pudeur, fouvent affec-
tée, lui faifoit quelquefois répandre des larmes de confufion.

Planche III.

Quoique le confentement mutuel des époux fuffit pour la validité de leur mariage, il y avoit dans certaines occafions des formalités acceffoires qu'il étoit de la décence d'obferver. Les engagemens
particuliers, contractés fans aucune démonftration extérieure, devoient
être faits en préfence de l'Entremetteufe qui avoit négocié l'affaire, &
que par cette raifon on appelloit *Pronuba a*; on devoit faire le fer-
ment de fidélité devant elle, & la rendre témoin du don mutuel de la
main *b, c*; alors fa préfence équivaloit toutes les affemblées de parens
& d'amis, que dans quelques familles on étoit en ufage de convoquer.
Lorfque les mariages étoient d'une certaine conféquence, on en écri-
voit les claufes fur des rouleaux *d*, fur des tablettes *e*, ou fur des lames
de plomb *f*. Les rouleaux étoient ordinairement de velin ou de pa-
pyrus; les tablettes étoient enduites de cire; c'eft là qu'on minutoit
les actes par la facilité d'y effacer & d'y réformer des conditions en-
tieres, fans qu'il y parût. On employoit à cet ufage des gratoirs *g* &
des ftylets de fer *h* qui étoient de la plus grande commodité. Avec ces
mêmes outils, on gravoit fur les lames de plomb ce qu'il y avoit d'im-
portant dans les actes qu'on avoit deffein de tranfmettre à la poftérité.
Les mariées de confidération étoient conduites chez leurs époux dans
des voitures *i*, où il y avoit place pour leurs amies & leurs parens.

Planche IV.

Voici plufieurs exemples de formalités acceffoires, dont divers
Peuples accompagnoient la conclufion des mariages. Les Romains
feignoient d'enlever la mariée à la clarté de cinq flambeaux & de la
torche nuptiale *a*. De jeunes garçons étoient chargés de les porter; en
récompenfe, après le repas des noces, l'époux leur diftribuoit des noix,
des fruits & des fleurs *b*. Chez les Galates, les nouveaux mariés étoient
obligés de boire dans une même coupe *c* deux fortes de vins tirés de
deux urnes *d* différentes. Les Macédoniens obfervoient, que les nouveaux
époux mangeaffent au feftin nuptial du pain coupé avec une épée *e*. On
avoit grand foin chez les Corinthiens, quand on coëffoit la mariée,
de féparer fes cheveux avec le fer d'une javeline *f*, & de lui former une
couronne de plantes qu'elle avoit cueillies elle-même *g*. D'autres Peuples étoient en ufage de lui donner les clefs de la maifon dès qu'elle

entroit chez fon époux *h*, de lui faire préfent d'une quenouille avec fon fuleau *i*, & de patins à talons hauts *k*. Dès qu'elle avoit figné & fcellé de fon cachet l'acte de fon engagement, elle recevoit la bague nuptiale *l*. Les maris qui étoient à leur aife, ajoutoient à ces préfens le don d'une toilette *m*, où parmi les bijoux ils mettoient un riche voile *n* qu'ils béniffoient par une afperfion d'eau luftrale *o*. Les anciens Latins mettoient un joug fur le col de ceux qui fe marioient; & c'eft de-là, difent quelques Auteurs, que le mariage a pris en latin le nom de *conjugium p*. C'eft chez eux que le nouvel époux, avant de fe mettre au lit, étoit obligé de dénouer la ceinture de fon époufe *q* arrêtée avec un certain nœud qu'ils appelloient *Herculien*. Il ne manquoit jamais d'invoquer Thalaffius, citoyen eftimable qui avoit époufé une des Sabines enlevées par les Romains, & qui pendant un très-long & très-heureux mariage fut toujours regardé comme le modele des bons maris. La déeffe Junon n'étoit pas oubliée (*).

P L A N C H E V.

Les Grecs aimoient beaucoup la mufique; elle faifoit chez eux partie de la bonne éducation. Ils confidéroient tous ceux qui montroient à jouer des inftrumens, fur-tout les maîtres de flûtes *a*, parce que leurs éleves fervoient effentiellement aux facrifices. Il y avoit chez eux des flûtes de toute efpece; à un *b*, à deux *c*, à trois tuyaux *d* avec une feule embouchure, & d'autres en façon de trompettes à tuyau droit *e* ou recourbé *f*. On mettoit au rang des flûtes nos fifflets de Chaudronniers; il y en avoit à cinq *g*, à fix *h*, & à fept tuyaux *i*. Les maîtres qui montroient à jouer de cet inftrument avoient trouvé l'art d'en tirer des fons fort agréables; il n'y avoit cependant que des perfonnes de peu de confidération qui s'en occupaffent: les caftagnettes *k* les palets & les cimbales *l* avoient le même fort. Les gens de goût jouoient plus volontiers de la lyre *m*; ils en ont long-tems confervé & employé le premier modele *n*. Le fiftre *o* que les Grecs avoient emprunté des Egyptiens, n'en étoit pas pour cela plus confidéré. Ils faifoient moins de cas de celui qui en tiroit le meilleur parti, que du moindre muficien qui battoit raifonnablement la mefure. Pour cette opération on avoit des fortes de crotales enfermées entre une double femele de la chauffure *p*; & par le mouvement du pied qu'on levoit

---

(*) A Sparte, ceux qui refufoient de fe marier étoient prefque notés d'infamie. Il ne leur étoit pas permis d'affifter aux exercices de la lutte où les filles combattoient; & les femmes, à une certaine fête, leur faifoient faire le tour d'un autel, en les fuftigeant tout nuds.

H ij

& qu'on baiſſoit en frappant par terre , elles produiſoient un ſon qui marquoit la cadance. Quelquefois au bruit des crotales on joignoit le claquement des mains, qui ſe faiſoit en réuniſſant tous les doigts de la main droite pour frapper dans le creux de la gauche.

PLANCHE VI.

LES Romains qui tenoient des Grecs leur muſique , ſe firent de riches pupîtres *a* que ceux-ci n'avoient pas. Ils adopterent non-ſeulement tous les inſtrumens de leurs premiers maîtres, mais encore ceux de pluſieurs autres Peuples ; de ſorte qu'ils en avoient pour la chaſſe, la guerre , les marches, les triomphes ; tels étoient le cor *b*, le clairon *c*, les timbales *d*, les timbalons *e* (*), la trompette *f* & le hautbois *g*. Outre ces inſtrumens militaires , ils avoient leurs timpanons , ſortes de plateaux de cuivre entourés de ſonnettes ou de grelots que l'on agitoit avec la main , ou qu'on frappoit avec des baguettes de métal ; les uns étoient ſans manche *h, i*, d'autres en avoient un *k*. On mêloit leur tintement argentin avec le ſon rude & ſépulchral des grands cornets *l*, des conques *m* & des baſſons *n*. Les Romains avoient des crotales *o* différentes de celles des Grecs ; mais leurs cymbales *p* étoient à peu près ſemblahles à des palets. Ils aimoient infiniment la guittare *q* ; ce goût s'eſt perpétué chez eux : il a même paſſé juſqu'en France où il ſe perfeſtionne de jour en jour.

PLANCHE VII.

IL étoit d'uſage chez les Grecs & les Romains de rendre la juſtice dans les places publiques. On y conſtruiſoit des tribunaux, où les Juges, élevés ſur un perron , étoient à portée d'être vus & entendus du Peuple , ainſi que l'indiquent les deux deſſins tracés ſur cette feuille. L'un *a* eſt extrait d'après le Sueur ; l'autre *b* d'après un bas-relief antique. Nous les mettons en confrontation pour laiſſer à décider aux connoiſſeurs , s'il n'y a pas quelque apparence que le premier ait été , pour ainſi dire , ſuggéré par le ſecond. Il eſt vrai que la compoſition de celui-ci en eſt beaucoup plus conſidérable. On y voit un débiteur qui ſe retire *c* , mécontent d'avoir été condamné à payer à ſa partie adverſe le quadruple de la ſomme, que, ſuivant la loi, on étoit obligé de donner pour être mis en liberté ; on ne voit dans l'autre que trois Juges *d, e, f*, attentifs à leurs fonſtions : mais ils ſont dans de ſi

______

(*) Raphaël s'eſt ſervi de cet inſtrument dans ſes loges , à la marche des Iſraëlites autour des murs de Jericho. Les Egyptiens en faiſoient uſage dans les fêtes publiques , & les Provençaux les emploient très-fréquemment dans les réjouiſſances ſolemnelles.

grands rapports avec ceux du bas-relief *b* par le nombre, les ajuſtemens, le goût des draperies, le ſentiment & les expreſſions, que bien qu'ils ſoient dans des attitudes différentes, ils paroiſſent en général tenir beaucoup du même ſtyle : tout, juſqu'au local de la ſcene, à de ſenſibles conformités. Ne pourroit-on pas dire, à l'honneur de l'Artiſte moderne, qu'il a affecté de rendre dans une noble ſimplicité l'idée élégante de l'antique ? Nous propoſons cet exemple aux jeunes Artiſtes comme un modele de la maniere d'imiter les idées des Anciens ; imitations qu'à d'autres égards nous leur avons prohibées ailleurs (*). Qu'ils les imitent, ainſi qu'a fait le Sueur, de maniere que l'imitation ſoit à peine ſoupçonnée & qu'il y ait toujours un doute ſur la certitude du procédé. Cela ne peut s'opérer qu'en mettant du ſien autant qu'on emprunte de ceux qu'on imite, & en combinant les idées, de telle ſorte, que le moindre ſoupçon de plagiat étant diſſipé aux yeux du connoiſſeur, il ſe perſuade qu'elles ſont toutes le fruit d'un même génie (**).

P L A N C H E   V I I I.

CE Tribunal (***) réunit tous les Officiers de Juſtice, établis chez les Athéniens pour donner leurs ſuffrages dans les affaires importantes de la Grece, où les intérêts de l'Empire étoient compromis. On y aſſembloit les Magiſtrats de toutes les Juriſdictions. Le principal de l'Aréopage *a* préſidoit, ayant à ſes côtés deux Sénateurs aſſis ſur des ſieges comme lui *b*, *c*. Des Archontes, des Amphictions, des Pritanes, des Eliaſtes étoient debout derriere eux ; les Lexiarques, les Hérauts, Officiers ſubalternes, formoient un troiſieme rang, & les ſoldats attendoient les ordres dans le fond de la tribune. Quand il s'agiſſoit de juger un criminel d'Etat, on affichoit à une colonne, ſur un billet *d*, le nom & le crime du coupable, & dans un grand placard *e*, la ſentence qu'on rendoit contre lui. Il y avoit ſur les marches du tribunal un bas-relief repréſentant Minerve, protectrice d'Athenes *f*. En allant prendre ſéance, les trois premiers Juges, au nom de tous les Magiſtrats, lui faiſoient vœu de juger avec équité, & dépoſoient à ſes pieds leurs ſceptres *g*, qu'un Héraut venoit retirer, & leur rendoit, dès qu'ils avoient prononcé le jugement. Au bas des marches étoit un poteau eſpece de ſelette *h*, d'où l'accuſé aſſis déduiſoit les raiſons de ſa juſtification : on lui ôtoit alors ſes chaînes pour le laiſſer mourir libre. Au

(*) Cahier 5, Pl. I, & Cahier 30, Pl. VII & VIII.
(**) Un de nos Ecrivains a dit fort ſenſément : il y a une ſorte d'invention & de génie à déguiſer ſi bien ſes larcins, que les ſpectateurs y ſoient trompés. Surprendre les ſuffrages en cette maniere, c'eſt les mériter.
(***) On prétend qu'il étoit conſtruit dans un des plus grands carrefours d'Athenes.

haut du tribunal étoit, en fculpture, une chouette *k*, attribut de Minerve ; par fes ailes déployées, elle défignoit la protection que la Déeffe eft toujours prête à accorder aux Athéniens.

PLANCHE IX.

VOICI un des plus riches Tribunaux connus dans la république des Arts. Il eft extrait d'après le Martyre de S. Laurent peint par le Sueur. La fcene fe paffe dans le Palais du Préteur *a*. On y voit ce Magiftrat, affis fur une chaife curule, revêtu de la toge, ordonnant d'un gefte fier & noble le fupplice du S. Diacre. Deux Subftituts *b*, *c* font de bout aux côtés du Préfident ; un jeune Greffier les accompagne, & des Licteurs *d*, armés de faifceaux, font derriere lui. La voûte de la galerie *e* qui conduit aux appartemens du prétoire, fert de champ à ce grouppe, & lui donne, le plus ingénieufement qu'il fût poffible de l'imaginer, une forme pyramidale. L'énergie des expreffions, la majeftueufe élégance de toutes les figures, la variété de leur caractere & de leurs attitudes, la vérité des ajuftemens, la foupleffe des draperies, la fimplicité de l'architecture, en font un morceau original, dont la compofition auffi favamment conçue, que les détails en font précieufement exécutés, le rendent véritablement digne de la réputation d'un des plus grands Peintres françois, & de l'admiration de tous les connoiffeurs & de tous les fiecles.

PLANCHE X.

DES Tribunaux émanoient les fentences qui condamnoient également à divers fupplices les mal-faiteurs & les plus refpectables Martyrs. Nous n'expliquerons que par l'expofition de leurs formes les inftrumens de torture ufités chez les Grecs & les Romains. Eh ! qu'ont-ils befoin d'autres détails ? Les fupplices les moins cruels, qui ne coûtoient pas la vie à l'accufé, s'exécutoient dans les prifons. Il y avoit d'efpeces de potences (*) pour donner l'eftrapade extraordinaire *a*, fuftiger avec des chaînes armées de boules de plomb *b*, & tourmenter en mille manieres. Souvent, pour intimider les foibles, & les effrayer par l'exemple, on les foumettoit au trifte fpectacle de la tête coupée d'un patient, & de fa fentence enfanglantée qu'on expofoit au haut d'un poteau, chargé de carcans & de cordes *c*. On leur montroit les écritaux deftinés pour

____

(*) On lioit les mains du coupable derriere le dos à une corde avec laquelle on l'élevoit, & le laiffant tomber, ainfi garotté, jufqu'à deux ou trois pieds de terre, on foumettoit fes bras & fes jambes à de grandes douleurs, par la pefanteur du corps & d'autres poids énormes qu'on lui attachoit aux pieds. L'eftrapade ordinaire eft très-commune à Rome, & toute rude qu'elle eft, il y a des crocheteurs vigoureux, qui, moyennant une modique fomme, s'y expofent pour leurs camarades. Cet échange n'eft permis que lorfque le délit n'eft pas criminel. Alors on ne laiffe pas tomber le coupable de la hauteur du gibet ; on le defcend fans violence avec la corde qui a fervi à le monter.

les gibets *d*, & les diverses tortures qui servoient à la question des
coupables pour leur faire avouer leur crime & leurs complices. Aux
uns on enchaînoit le col, les bras & les jambes à une longue barre
de fer *e* qui les contraignoit à être toujours de bout ; les autres enchaî-
nés de même à un lévier très-court *f*, étoient forcés d'être toujours
accroupis, & à faire de leurs corps & de leurs membres un peloton
immobile. A plusieurs autres on engageoit les jambes dans des entra-
ves *g* ; ou enclavées avec celles d'un second prisonnier, ils ne pouvoient
se mouvoir l'un sans l'autre. Quelquefois même on les enfermoit tout
vivans dans des trapes *h*, d'où leur tête seule & leurs mains sortoient
par les échancrures d'un couvercle qui leur formoit un piloris des plus
cruels.

P L A N C H E   X I.

Les tyrans idolâtres poussoient la barbarie jusqu'à faire éventrer
les martyrs, arracher, dévuider leurs boyaux sur un tourniquet après
les avoir fait cruellement fouetter. Le chevalet *a* servoit à tous ces sup-
plices : c'étoit un large traiteau, où dans sa longueur s'élevoit un rouleau monté sur une manivele *b*. Le Poussin & Pietro-Teste ont employé
ce chevalet à rouleau dans la représentation du Martyre de S. Erasme,
& le Dominiquin s'est servi du simple traiteau dans la flagellation de
S. André. Quelquefois on assayoit l'accusé sur un fauteuil de fer au
milieu des flammes *c*, ou on l'étendoit nud sur un gril *d* ; tout le monde
sait que S. Laurent fut ainsi martyrisé : le Sueur ne l'a pas représenté
autrement. D'autres fois on plongeoit le martyr dans une chaudiere
d'huile bouillante *e* : un des Macchabées & S. Jean, surnommé Porte-
Latine, y furent condamnés ; on lui trempoit aussi successivement tous
les membres & la tête dans le plomb fondu *f* ; & quand on vouloit le
priver de la vie, on l'attachoit dans un bluteau de fer *g*, que l'on faisoit
rouler du haut d'une montagne jusqu'au fond d'affreux précipices.

P L A N C H E   X I I.

Voila un gibet, où par le moyen des poulies on pendoit quatre
scélérats à la fois *a*. Cette roue *b* servoit à déchirer le coupable par
lambeaux, en l'attachant sur le cercle, & la roulant avec rapidité sur
des pointes de fer. Les couteaux *c* pour écorcher, la hache *d* pour
mutiler, la scie *e* pour scier entre deux madriers, les peignes de fer *f f*,
pour arracher la peau, les massues *g* pour massoler, furent en usage chez
les Anciens, ainsi que les grandes pinces pour tenailler *h*, l'épée pour
décapiter *i*, & les planches *k*, où après avoir cloué le coupable, on le
livroit à la merci des flots. On se servoit de fers crochus *l* pour traîner

quelquefois à la voirie les cadavres des suppliciés. Quoique cette coutume fût souvent pratiquée, il étoit auſſi d'uſage de les expoſer dans des endroits patibulaires, où ils devenoient la pâture des oiſeaux carnaciers : alors on les conſignoit à un garde, afin d'empêcher les parens de les enlever pour les enſevelir. L'hiſtoire de la matrone d'Epheſe en fournit une preuve convaincante. Les débris de ce bas-relief *m*, trouvés parmi les ruines du palais de Néron, nous autoriſe à tracer ici le précis de l'avanture ; & nous le faiſons avec d'autant plus de confiance, que ce récit pourra jetter quelque gaïeté ſur les inſtructions bien triſtes qui terminent ce Cahier.

Pétrone rapporte qu'il y avoit à Epheſe une jeune femme aſſez belle qui aimoit ſi éperduement ſon époux, qu'à ſa mort, elle s'enferma dans ſa tombe avec une ſimple ſuivante; bien déterminée à ſe laiſſer mourir de faim. Il arriva que le ſoldat, chargé de garder le cadavre d'un criminel pendu non loin de cette ſépulture, fut attiré par la lueur d'une lampe que la veuve avoit fait enfermer avec elle. Il s'avance du tombeau, entend les cris de cette femme déſeſpérée, met en œuvre tous les moyens que la ſenſibilité lui ſuggere, pour lui offrir quelque ſecours, fait tant, qu'enfin il vientà bout de lui parler. Inſtruit de ſa funeſte détermination, il n'oublie rien pour l'en détourner ; & par de preſſantes ſollicitations que la ſuivante appuyoit de toutes ſes forces, lui perſuade de prendre quelque nourriture. Qu'aiſément on revient du bizarre projet de mourir au déſir ſi naturel de vivre ! La belle Ephéſienne étoit preſſée de la faim; elle accepte avec plaiſir la moitié du ſoupé du jeune ſoldat: ſenſible à ſon généreux procédé, dès qu'elle eut recouvré ſa raiſon, & que le ſentiment l'eut éclairée ſur le prix du ſervice, elle témoigna à ſon bienfaiteur, avec la plus vive affection, toute ſa reconnoiſſance. Dans ces entrefaites les parens du ſupplicié enleverent le cadavre, à l'inſçu du garde qui en répondoit ſur ſa vie. Celui-ci, fort alarmé, conſulta la jeune veuve, qui, aimant mieux que le mort fût pendu que de voir pendre le vivant, conſentit que ſon mari fût mis à la place du cadavre enlevé. Ainſi, ajoute Pétrone, le ſoldat profita fort utilement de l'expédient que lui donna cette femme bien aviſée, & le lendemain le Peuple admira, comme il s'étoit pu faire qu'un corps mort fût retourné de lui-même au gibet.

Fin du huitieme Cahier.

A.
B.
C.
D.
C.

.C.
.B.
.D.
.A.
.E.
.F.
Pl. II.

miger Sc.

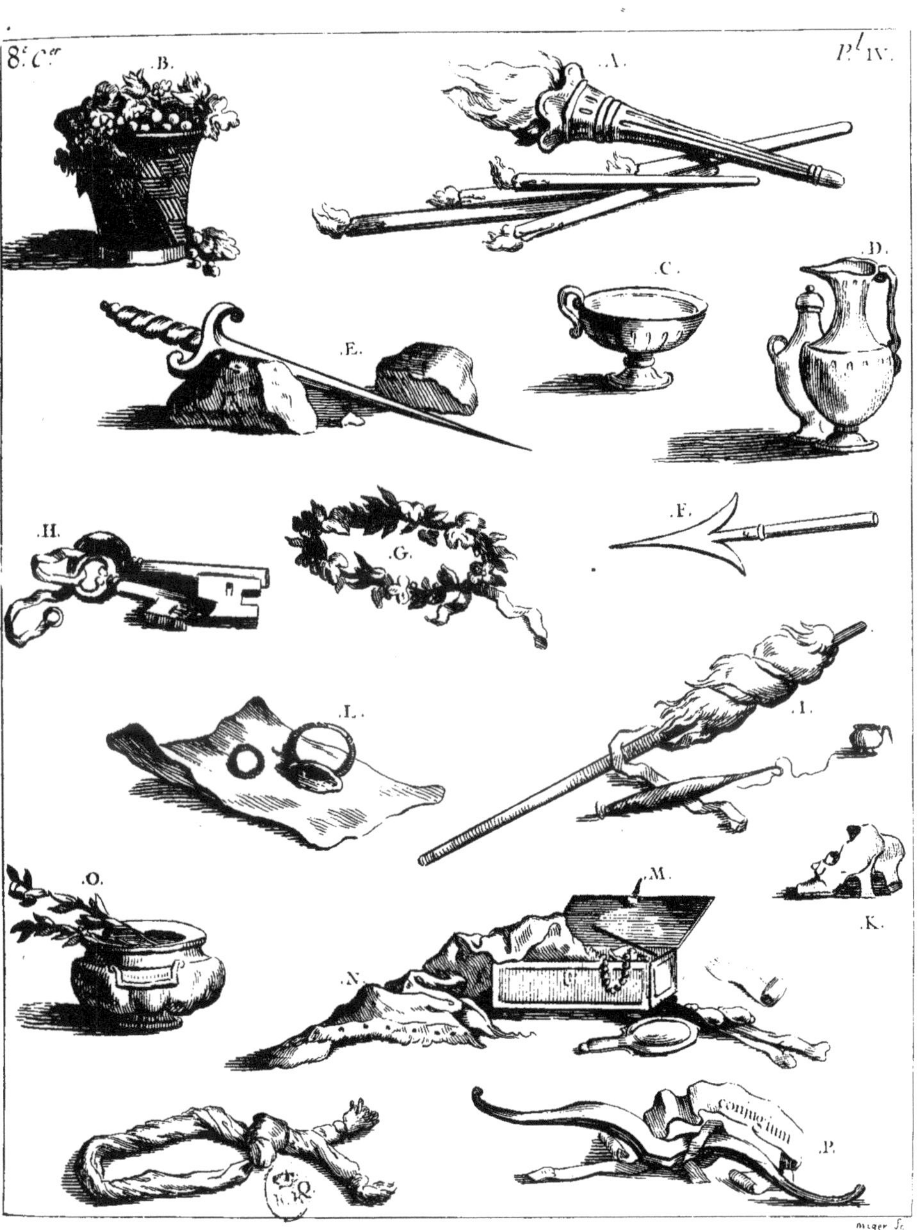
Pl. IV.
B.
A.
C.
D.
E.
F.
G.
H.
I.
L.
K.
M.
N.
O.
P.
Q.
conjugium
meger Sc.

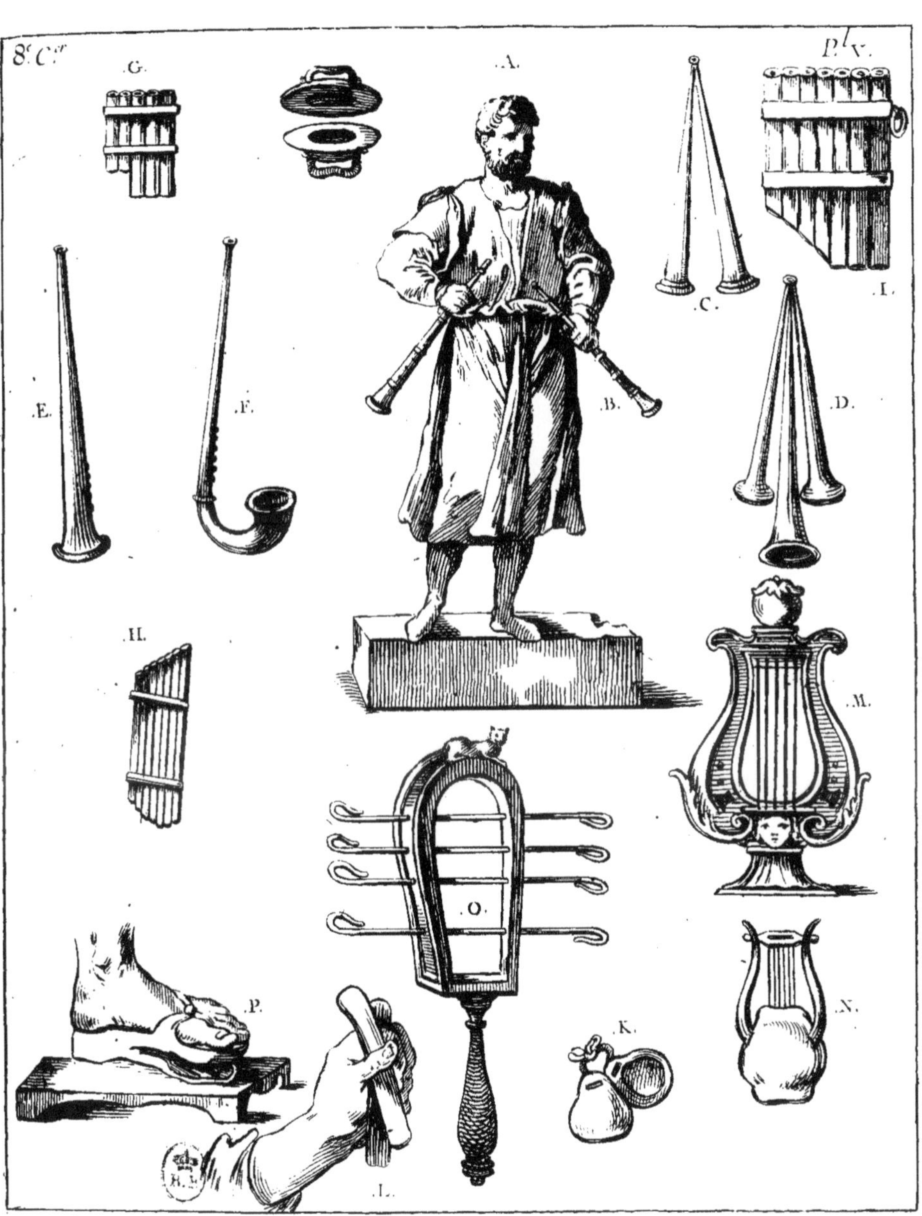

8.°C.er
P.l V.
G.
A.
I.
C.
E.
F.
B.
D.
H.
M.
O.
P.
N.
K.
L.

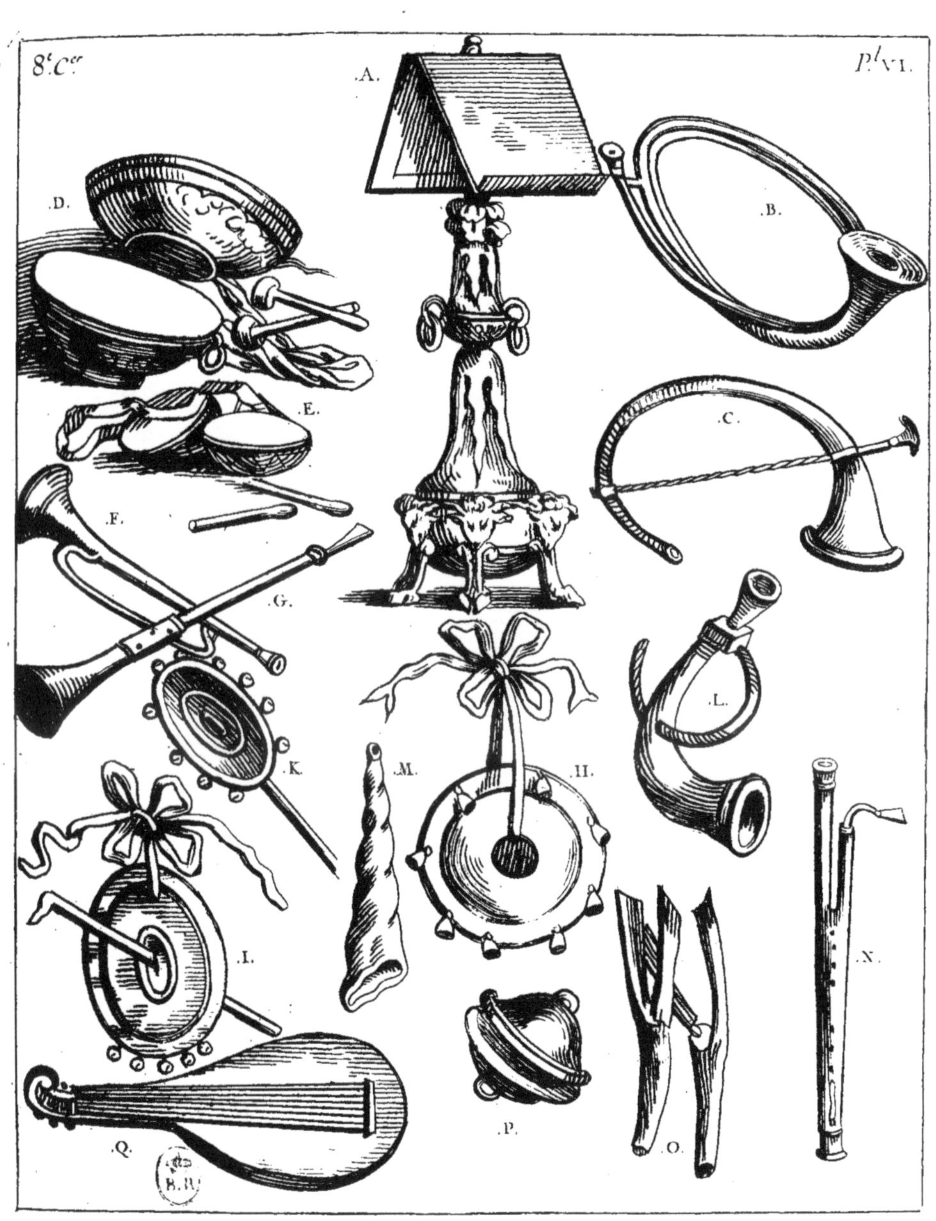
.A.
.D.
.B.
.E.
.C.
.F.
.G.
.L.
.K.
.M.
.H.
.I.
.P.
.O.
.X.
.Q.

8.e C.er
Pl. VII.
A.
D.
E.
F.
B.
C.

E
.D.
C.
D.
A.

8.er
Pl. x.
SEBASTIANVS
CHRISTIANVS
.D.
.C.
.A.
.F.
.E.
.B.
.G.
.H.

P. XI.
B.
A.
C.
E.
D.
F.
G.

A.
B.
C.
D.
E.
F.
F.
G.
H.
I.
K.
L.
M.

COSTUME
DES GRECS ET DES ROMAINS.

PREMIERE PARTIE.
USAGES CIVILS ET DOMESTIQUES.
NEUVIEME CAHIER. *PLANCHE I.*

LES monumens publics des Anciens entrent dans l'ordre de leurs usages civils. Un de ces monumens le plus renommé est le colosse de Rhodes *a*, statue en bronze de 70 coudées de hauteur, que le célebre *Chares* employa douze ans à faire. Les Rhodiens l'érigerent en l'honneur d'Apollon, & le placerent à l'entrée de leur port. Ce Dieu étoit représenté avec une couronne radiale, tenant dans ses mains une fleche & un pot à feu qui servoit de phare pour éclairer les vaisseaux pendant la nuit. Son attitude aussi hardie qu'élégante, permettoit aux vaisseaux à la voile de passer entre ses jambes *c*. Ce colosse fut renversé par un tremblement de terre; & lorsque les Sarrasins prirent Rhodes en 667, ils chargerent 900 chameaux du bronze dont il étoit composé. La statue de Jupiter Olympien *b*, placée dans son Temple de Delphes (*), étoit presque aussi étonnante par sa grandeur que le colosse

---

(*) Ce chef-d'œuvre de Phidias avec lequel on peut, à bien des égards, mettre de pair sa grande Minerve, haute de 36 coudées; l'Echatte d'Ephese de Praxitelle, le Mars colossal de Scopas, & tant d'autres statues gigantesques, dont les Grecs & les Romains décoroient leurs temples, nous occasionnent une réflexion sur la façon de penser des Anciens à ce sujet, qui paroit tenir de l'inconséquence (si l'on peut s'exprimer ainsi). Imagineroit-on que ces peuples, qui enrichissoient leurs sacrés asyles, d'Idoles d'une grandeur énorme; objets tout à la fois d'étonnement & d'admiration pour l'Univers connoisseur, les ornassent aussi de marmousets & de pygmées, qui, en dégradant leur goût, attiroient les railleries & le mépris de ceux qui les voyoient? C'est pourtant ce que plusieurs Historiens attestent. Heureusement pour les arts, ces associations barbares que la Grece & Rome avoient empruntées de l'Egypte n'étoient pas générales. De fameux Statuaires de ces Nations nous ont transmis dans les mêmes tems quantité de figures en bronze, en or, en ivoire, & depuis l'invention du marbre,

I

de Rhodes ; la figure avec le trône où elle étoit aſſiſe avoit 68 pieds d'élévation. Ce monument, un des plus magnifiques de la Grece, paſſoit pour le chef-d'œuvre de Phidias. Le Dieu couronné de feuilles d'olivier, tenoit de la main droite une petite victoire, & de la gauche ſon ſceptre ſurmonté d'un aigle. Il étoit revêtu d'un manteau orné de ciſelures repréſentant quantité d'animaux & de fleurs : le tout d'or & d'yvoire très-artiſtement mélangés. Aux coins du trône paroiſ-ſoient les Graces & les Heures qui ſe donnoient la main pour danſer, & l'on voyoit aux bras du ſiege des Sphinx, qui arrachoient de ten-dres enfans du ſein des Thébaïdes. Une baluſtrade peinte, enrichie de figures, & poſée ſur un piédeſtal auſſi orné que le reſte de l'ouvrage, en ſoutenoit toute la maſſe. Enfin à côté du monument, pendoit du haut juſqu'en bas, un voile de laine teint en pourpre, richement brodé, & d'un aſſez grand volume pour garantir dans l'occaſion ce chef-d'œuvre des outrages du tems.

PLANCHE II.

LE Phare de Philadelphe *a*, ſi fameux pour avoir été conſtruit par ce Roi d'Egypte, dans la plus riche ſingularité, étoit une tour élevée à l'entrée du port de Pharos. Elle étoit ornée à tous les an-gles de tourelles avec des ſtatues, & couronnée d'un fanal qui ré-pandoit au loin une vive clarté. Il y avoit quantité d'agrêts à l'uſage de la Marine, & d'appartemens pour les Marins qui ſe diſtinguoient par leurs ſervices. Sa réputation étoit ſi grande, qu'il fut mis au rang des ſept merveilles du monde (*). Combien n'eſt-il pas plus ad-mirable en effet, que tous ceux qui étoient alors ſur les côtes d'E-gypte, & dont nous retraçons un modele *b*! Le port de Pharos lui donna le nom de *Phare*, & il l'a lui-même donné à toutes les tours

---

un plus grand nombre encore de ſtatues de marbre de Paros & de celui des Iſles de Taxus & de Lesbos ; chef-d'œuvres qui conſervant les juſtes proportions de la belle nature, ſeront pour les Artiſtes de tous les ſiecles, comme elles le ſont depuis un tems immémorial, des ini-mitables modeles d'élégance & de perfection.

(*) Si l'on faiſoit une addition arithmétique de tous les monumens, que, ſuivant les Hiſto-riens, on comptoit anciennement parmi les merveilles du monde, de combien n'excéde-roit-on pas le nombre de ſept ?

qui fervent au même ufage que lui. On préfente ici fous un même coup
d'œil, divers monumens des Anciens, que fouvent bien des perfonnes
confondent; favoir les Obélifques, les Pyramides & les Eguilles : leur
confrontation en fera fentir toutes les différences. Les Obélifques *c*,
étoient ordinairement quadrangulaires, s'élevant, finiffant en pointe,
faites d'une feule pierre, & enrichies fur leurs faces d'infcriptions, ou
d'autres attributs deftinés à éternifer la mémoire de quelque grand
évenement. Leur proportion demandoit que la hauteur fût le décuple
de la largeur : on en doit l'invention aux premiers Rois d'Egypte
(*). Les Romains devenus maîtres de ce pays, en firent tranfporter à Rome une affez grande quantité, dont plufieurs fubfiftent
encore, & font l'ornement des principales places publiques. Les pyramides *d*, étoient moins élevées que les obélifques, mais leur bafe étoit
égale à leur élévation (**). Elles furent bâties pour fervir de fépul-
ture aux Monarques Egyptiens ; partie par oftentation, dit Pline,
partie par politique ; afin que le peuple occupé à ces immenfes travaux, ne fongeât point à fe révolter. Comme les pyramides étoient
des maffes énormes impoffibles à tranfporter, les Romains les laiffe-
rent à leur place. Nous expoferons au XXIIe Cahier, Pl. III, la forme
& les dimenfions de celles qu'on voit à trois lieues du Caire, & que
les Anciens comptoient au rang des fept merveilles du monde. Enfin
les éguilles *e* étoient d'efpéces de petits obélifques qui s'élevoient per-
pendiculairement, & fe terminoient en pointe. Elles n'avoient dé-
paiffeur que la moitié de leur largeur, & n'étoient montées fur des
piédeftaux, que lorfqu'on les conftruifoit en l'honneur de quelque

---

(*) Augufte fit tranfporter à Rome les deux obélifques que Sefoftris avoit fait é'ever à
l'extrêmité de l'Egypte. Ils avoient chacun cent quatre-vingt pieds de hauteur, & environ
quatorze de diametre. Il n'ofa pas en faire autant à l'égard d'un troifieme qui étoit d'une
grandeur énorme. L'Empereur Conftance fut plus hardi, & le fit tranfporter : vingt mille
hommes avoient travaillé dix ans à le tailler.

(**) On donne à quelques pyramides depuis environ 400 pieds jufqu'à 800 de hauteur & de largeur. Quand on en érigeoit une, les ouvriers fe relevoient fucceffivement tous
les mois, & on y employoit chaque fois plus de cent mille hommes. L'édifice étant achevé,
on y mettoit une infcription qui marquoit, combien de tems on avoit mis à le conftruire,
& ce qu'il en avoit coûté pour les légumes dont on nourriffoit les ouvriers ; ce qui s'eft
trouvé monter à la fomme d'environ neuf cent mille livres de notre Monnoie.

perſonne de conſidération. D'ordinaire elles poſoient ſur le terrein comme les pyramides, & ſervoient à marquer les différentes crues des eaux du Nil; les diſtances des nomes & de différentes contrées de l'Egypte : c'étoient autant de colonnes milliaires, de bornes, de termes qui dirigeoient les voyageurs. Les Arabes confondoient tellement les éguilles avec les obéliſques, qu'ils appelloient ceux-ci les *éguilles des Pharaons*, parce que les premiers Rois d'Egypte ſe nommoient Pharaons, & qu'avant l'invention des pyramides, diſent certains Auteurs, les éguilles déſignoient les tombeaux de ces Souverains.

PLANCHE III.

ARTHEMISE érigea à Mauſole, Roi de Carie ſon époux, un tombeau ſi magnifique (*), que non-ſeulement il a donné le nom de ce Prince à toutes les ſépultures diſtinguées; mais encore, qu'il a été mis au rang des ſept merveilles du monde. Ce monument d'une élévation prodigieuſe étoit compoſé de ce que l'Architecture peut imaginer de plus recherché pour les ornemens, de plus commode, de plus riche, & de plus varié pour la diſtribution des pieces habitables. Nous joignons ici à ſa décoration extérieure, ce qu'en raconte Pline dans le Ve Ch. de ſon liv. 36. Il nous apprend qu'Artemiſe mourut avant que ce magnifique ſépulchre fût achevé; qu'il étoit environné de trente-ſix colonnes, & qu'il pouvoit avoir 411 coudées de circuit dans ſes quatre faces, ſur environ 25 coudées de hauteur (**). Il rapporte que cinq Architectes y avoient travaillé de concert, & que ces Artiſtes fameux, pour laiſſer à la poſtérité une preuve de leur ſavoir, voulurent le finir après la mort de la Reine; enfin qu'il étoit terminé par une pyramide couronnée d'une victoire dans ſon char, attelé de quatre chevaux. Ceux qui ſeront curieux de ſavoir le nom des cinq

---

(*) La ſomptuoſité de ce mauſolée érigé à Halicarnaſſe, eſt le trait le plus généreux de la magnificence d'Artemiſe : le trait le plus touchant de ſa tendreſſe eſt d'avoir avalé les cendres de ſon cher époux *b*, pour lui donner une ſépulture qui fût bien près de ſon cœur.

(**) Les Anciens avoient pluſieurs coudées de différentes meſures. La grande coudée avoit neuf pieds, la moyenne en avoit deux, & la petite n'avoit qu'un pied & demi. Pline ne s'explique pas bien clairement à ce ſujet.

Architectes Sculpteurs qui conſtruiſirent & décorerent le mauſolée du Roi de Carie, apprendront de l'Hiſtorien naturaliſte, que Scopas tailla ce qui regardoit le Levant, Briaxis choiſit le Septentrion, Thimotheus le midi, & Leochares le couchant. Il ajoute que c'eſt Pythis qui fit le char de victoire, dont le faîte de la ſépulture eſt couronné.

PLANCHE IV.

LE même Antiquaire qui nous a fourni le tombeau de Mauſole, nous a donné le monument triomphal *a*, qui fut élevé à Marc-Aurele & à Lucius-Verus, après la guerre des Parthes. C'eſt la ville de Corinthe qui le fit ériger; auſſi préſente-t'il à l'œil connoiſſeur toute l'élégance, la grandeur, le génie, que dans les beaux ſiecles de la Grece les Architectes Corinthiens imprimoient dans leurs ouvrages. Le goût qu'ils avoient pour les productions Egyptiennes, leur fit préférer les obéliſques à tout autre genre de monument. Dans celui-ci, ils employerent les hiérogliphes *b*, pour décrire les triomphes des Empereurs aſſociés; déſignerent la reconnoiſſance de ces Souverains envers Neptune *c*, qui les avoit favoriſés dans leurs entrepriſes, par la ſtatue de ce Dieu élevée au faîte du trophée; mirent au bas des bas-reliefs *f*, qui retraçoient les hauts faits des Héros; & par le large ſocle où ils placerent leurs figures équeſtres en attitudes de Conquérans *d*, *e*, ils caractériſerent l'étendue, la ſolidité de leurs conquêtes; fruits honorables de leur gloire & de la valeur des Romains. Qu'il nous ſoit permis d'obſerver, par une courte réflexion, combien cette maniere d'immortaliſer les Héros étoit plus judicieuſe & plus ſublime que celle de leur ériger des coloſſes, tels que ceux de Commode, de Néron, &c. (*) Ces trophées exagérés, monumens de l'oſtentation, produiſoient rarement leur effet. Ils inſpiroient aux Artiſtes des

---

(*) Outre ces deux coloſſes, il y en avoit pluſieurs autres au Capitole, à la bibliotheque d'Auguſte, au temple de la Paix, au champ de Mars; monumens qu'on devoit aux ſoins de Lucullus, de Claudius, d'Adrien, d'Alexandre Sévere, &c. Souvent, pour jouir promptement des honneurs du Coloſſe, un Empereur faiſoit ſauter la tête d'un autre Empereur, ou celle de quelque Dieu, & y ſubſtituoit la ſienne.

idées gigantefques, qui en les éloignant du beau fimple de la nature,
dégradoient fouvent la juftefle de leur jugement. C'eft peut-être à ces
infpirations, que Dinocrate dut le projet coloffal qu'il propofa à Alexandre (*) , & auquel ce Conquérant judicieux ne fe laiffa pas éblouir.
Le vrai fublime des Arts confifte bien moins dans l'extraordinaire de
l'entreprife , que dans la maniere noble de la concevoir , & dans la
façon élégante de l'exécuter.

PLANCHE V.

NOUS expofons ici une des plus fingulieres pyramides que les tems
nous aient tranfmifes. On l'avoit conftruite fur les côtes de la mer
Egée. Les habitans de l'Archipel la nommerent *le phanal de Diogene a*.
C'étoit un tombeau érigé , dit-on, à la mémoire d'un fameux Nautonier , qui avoit de fi grandes connoiffances dans l'Art de la navigation, que nul Marin n'ofoit entreprendre de voyage fans le confulter.
Pour faire allufion à fes grandes lumieres , on l'avoit comparé à un
phare , & l'on avoit mis dans une infcription : *Salvat lucendo* : il préferve du naufrage en éclairant. Cette devife que les tems ont détruite,
étoit au-deffus de la figure d'un Diogene, dont il portoit le nom,
fculptée en bas-relief au bas de la pyramide. Aux angles, s'élevoient
des colonnes *b, b*, où étoient des pots-à-feu. Leur clarté, jointe à celle
du grand fanal, dont le monument étoit couronné, éclairoit de tous
côtés les vaiffeaux qui n'avigeoient fur les côtes de la mer Egée, que
tout le monde favoit être pleines d'écueils, de bancs de fable , & de
rochers.

PLANCHE VI.

LES arcs de triomphe, les colonnes hiftoriques étoient les principaux monumens publics que les Romains érigeoient à la gloire des

---

(*) Dinocrate offrit à Alexandre de tailler le mont Athos en forme d'un homme , tenant
à fa main gauche une grande ville , & à fa droite une coupe qui recevroit les eaux de tous
les fleuves qui découlent de cette montagne pour les verfer dans la mer. Alexandre n'approuva point le deffein de l'architecte Macédonien ; cependant il l'employa à bâtir la ville d'Alexandrie.

grands hommes, & à la mémoire des évenemens honorables (*). Qu'il nous fuffife d'avoir puifé dans les arcs de Conftantin, de Tite, de Septime Severe; dans les colonnes Trajane, Antonine & Théodofiene, comme dans les fources les plus précieufes de l'Antiquité, la plupart des richeffes répandues dans cet ouvrage! Pouvions nous mieux témoigner notre vénération pour ces refpeétables chef-d'œuvres, ni en faire une mention plus convenable? Les figures équeftres & pédeftres fervoient auffi à ces peuples au même objet. Par ces moyens ils éternifoient les Héros du fiecle, ceux du Paganifme, & donnoient de la célébrité à tous les êtres qu'ils croyoient dignes de confidération. Ainfi la figure équeftre érigée dans la place du Capitole, immortalife les vertus de Marc-Aurele *a*; la ftatue de l'Hercule Farnefe *b*, éternife la gloire de ce demi-Dieu, & les talens de *Glicon* qui l'a fculptée; l'ancienne réputation du Nil *c* eft conftatée par la repréfentation que les fiecles nous ont tranfmife de ce fleuve, placé aux jardins du Vatican; & nous avons un témoignage de la foibleffe du valeureux Hercule (*), dans le *Torfe Belvedere d*, ainfi nommé de l'endroit où les Souverains Pontifes confervent ce rare chef-d'œuvre des Grecs.

P L A N C H E   VII.

Un des chevaux qui font à Montecavallo, & que des connoiffeurs prétendent être Bucefale *a*, folemnife tout à la fois l'adreffe, la valeur d'Alexandre, la diftinétion de fon courfier, & la fupériorité de Praxitele & de Phidias, Auteurs de cet ouvrage. Sans la figure de Cléopâtre *b*, qu'on admire au Capitole, nous n'aurions point de monument démonftratif de la honte qu'eut cette Princeffe d'être traduite à Rome par Augufte, à la fuite de fon triomphe. A la vérité, le Moyfe de Michel-Ange *c* nous tranfmettroit plus énergiquement la mémoire

---

(*) Les Grecs ne conftruifoient pas, comme les Romains, des monumens immortels de la gloire de leur Héros; ils ne leur érigoient que des trophées périffables, afin de ne point perpétuer les reffentimens & les inimitiés qui ne font que trop profondément enracinés dans le cœur des nations belliqueufes; fur-tout de celles qui fe font réciproquement fubjuguées.

(**) La tradition hiftorique affure que ce corps mutilé offre les débris d'une figure d'Hercule filant pour Omphale.

du Légiſlateur des Hébreux, s'il étoit ajuſté d'une maniere moins étran-
gere à l'idée que nous en avons : mais la ſublimité de l'ouvrage ne
rachete-t'elle pas en quelque ſorte les licences du Sculpteur (*) ? Enfin
la diligence de Martia, & ſon amour pour la patrie, ſeroient peut-être
totalement ignorés, ſi le Sénat n'eût point fait ériger une ſtatue *d*,
où ce jeune courrier eſt repréſenté s'arrachant une épine du pied (**).

PLANCHE VIII.

LES repréſentations honorables qu'on élevoit en faveur des
grands hommes différoient des monumens hiſtoriques qu'on érigeoit
aux Souverains, en ce que, dans ceux-ci, les diverſes expéditions
du Prince étoient détaillées *a* dans les bas - reliefs *a*, ainſi que le dé-
montrent les colonnes Trajane & Antonine ; aû lieu que dans les
autres on ſe contentoit d'annoncer par des trophées la nation,
le genre de mérite, & l'état du Héros. La cuiraſſe, le caſque
& le bouclier *a* groupés avec une apleſtre & un ancre, déſignoient
un Officier de marine : quelque couronne placée au piédeſtal du monument, indiquoit qu'il s'étoit diſtingué par ſa valeur. C'eſt par l'inſ-
cription S. P. Q. *b*. R. par une clamide, par des faiſceaux, par l'aigle
Romaine, &c. qu'on caractériſoit un Conful, un Général Romain.

(*) Cette réflexion qu'on pourroit étendre ſur quantité d'ouvrages des Anciens, nous
l'appliquons ici au S. Jean, qu'on voit parmi les tableaux du Roi à la gallerie d'Apollon.
L'Evangéliſte Apôtre y eſt repréſenté à l'âge viril, écrivant ſon Apocalypſe dans l'iſle de
Pathmos, quoique à cette époque il eût plus de quatre-vingt-dix ans. Il eſt vêtu à la légere,
j'ai preſque dit à demi-nud, élevé ſur un aigle ; le tout ſoutenu par un nuage qui n'a ni volume ni conſiſtance. On pourroit dire, ſans exagérer, que la vérité, les bienſéances & le
coſtume ſont auſſi irréguliérement obſervés dans ce S. Jean de Raphaël que dans le Moyſe
de Michel Ange : ce qui juſtifie le reproche que des Modernes éclairés ont fait à de cele-
bres Anciens, ſur des erreurs dont nos préjugés & les ſuffrages des ſiecles nous empêchent
de convenir. Un auteur a dit fort judicieuſement que le ſommeil d'Homere l'avertiſſoit de ne
jamais s'endormir. Jeunes éleves ! Il eſt des Homeres dans les arts ; profitez de la maxime ;
& gardez-vous de prendre pour modeles certains écarts des Anciens.

(**) Le jeune Martia ayant été chargé par le Sénat de dépêches importantes, & ayant
rencontré dans ſa courſe une épine dont il fut bleſſé, aima mieux ſouffrir la douleur pour
venir en diligence rendre compte de ſa miſſion, que de perdre du tems à s'arracher l'épine
du pied. Il ne la retira qu'après avoir rendu réponſe au Sénat, qui en reconnoiſſance lui fit
ériger une Statue conſervée au Capitole.

S'agiſſoit-il d'illuſtrer un Chef d'eſcadre , tel que l'Amiral Duilius , qui le premier dans Rome mérita le triomphe naval ; on lui érigeoit une colonne roſtrale *c*, où les éperons de navire, le gouvernail & le che- niſque , placés dans le piédeſtal, rendoient raiſon du genre d'hé- roïſme du Triomphateur (*).

Planche IX.

Nous traçons ici avec la colonne milliaire *a*, deux monumens pu- blics *b*, *c*, qui ne ſont ni Grecs ni Romains, mais qui ſont dignes de Rome & de la Grece. Ils ſont placés à Toulon, & forment les ſup- ports du balcon de l'Hôtel-de-ville. Ces deux termes , chef-d'œuvres du *Puget*, ſi renommé par le Milon & l'Andromede, qui ſont les principaux ornemens des jardins de Verſailles, ſont d'une beauté ſi frappante, que le Bernin (**), débarquant à Toulon, ſaiſi d'admira- tion en les voyant, ne put s'empêcher de dire : je ſuis étonné que le Roi de France m'envoie chercher à Rome, tandis qu'il a dans ſes Etats un Sculpteur ſi excellent. Tous les Connoiſſeurs, les Artiſtes même conviennent, que Puget, juſtement ſurnommé le Michel-Ange de la France , a ſurpaſſé l'Antique même dans bien des parties de la Sculpture que les Romains ni les Grecs n'ont pas rendues auſſi par- faitement que lui. Nous paroîtrions ſuſpects à en dire davantage ; on croiroit que l'amour de la patrie nous a ſuggéré l'éloge du Statuaire Provençal. La colonne milliaire annoncée ci-deſſus , étoit de marbre blanc, & de huit pieds &-demi de hauteur. On dit qu'elle étoit au centre de Rome , & que c'étoit de - là qu'on commençoit à compter les diſtances qui ſe diviſoient de mille en mille, par d'autres colonnes, ſur tous les grands chemins d'Italie.

(*) Parmi quantité de monumens antiques dépoſés au Capitole, on voit la colonne roſ- trale du célebre Duilius chargée de poupes & d'éperons. On préſume que c'eſt vraiſemblable- ment d'après ces idées maritimes , ou d'après celles qu'offroit à Rome la tribune aux harangues, qu'ont été imaginées les ancres & les proues des navires qui décorent les faces de la ſeconde cour du Palais-Royal. *Le Mercier* qui l'a conſtruit, ſous les ordres du Cardinal de Richelieu, a déſigné par-là que ce Miniſtre étoit Grand-Maître de la Navigation.

(**) Fameux Sculpteur Napolitain qui s'eſt immortaliſé à Rome.

PLANCHE X.

CE monument *a* seroit public à Rome, si dans le concours qui se fit à l’occasion de la fontaine de Treves, l’Auteur (*) eût eu autant de protection qu’il avoit de mérite (**). Il a personnifié cette fontaine par une jeune femme *a*, que des gens pensent être une Isis, ayant deux lionceaux à ses côtés *b* : idée empruntée des Egyptiens ; mais d’autant plus convenable au sujet, qu’elle est très-relative à la vérité de l’Histoire. On raconte qu’une bergere, à qui deux soldats, pressés de la soif, demanderent quelque moyen de se désaltérer, leur indiqua la source de la fontaine de Treves, inconnue jusqu’alors ; c’est cette jeune bergere que le Sculpteur a représentée sous la figure d’Isis. Quatre lions rangés devant elle jettent à pleine gueule de larges nappes d’eau ; ces nappes se mêlant avec d’autres échappées du sein de plusieurs rochers, vont se rendre dans une immense coquille *c*, qui leur sert de réservoir commun, & qui donne une issue convenable aux eaux qu’elle reçoit trop abondamment. On a associé à cette ingénieuse pensée la louve qui allaita Remus & Romulus *d*, quelques plantes des bords du Nil, & la portion d’un sistre *e*, pour indiquer que ce monument étoit destiné à l’ornement de la ville de Rome, & que l’Auteur avoit affecté de le concevoir dans le goût Egyptien.

PLANCHE XI.

MONUMENS particuliers : nous entendons par-là les symboles distinctifs qu’imaginerent les Grecs & les Romains, pour caractériser

---

(*) Bouchardon, fameux Sculpteur François, spécialement connu par la fontaine de la rue de Grenelle à Paris. Voyez à ce sujet les lettres imprimées de M. Mariette, du premier Mars 1746, & du 31 Mai 1750.

(**) On prétend qu’un ami de l’Auteur le dégoûta de produire son idée, par les rapports exagérés qu’il lui fit du nombre de ses compétiteurs, & de la prévention où étoient les maitres de cet ouvrage en faveur de ses concurrens. Pour ne point se compromettre, le sage Artiste renonça à ses projets, enferma son dessein dans son porte-feuille, & ne le communiqua qu’aux meilleurs amis qu’il avoit alors dans Rome. Michel-Ange Slodz, autre habile Sculpteur François, fut plus hardi sans être plus heureux. Il produisit son modele, mais ses rivaux furent préférés. Pourquoi les Nationnaux abandonneroient-ils aux étrangers ce qu’ils peuvent faire eux-mêmes ?

les êtres phyſiques, réaliſer les idées morales, & perſonnifier les mé-
taphyſiques. Cette façon de penſer, trop favorable aux talens d'ima-
gination pour être négligée par les Artiſtes de génie, a donné occaſion à bien des découvertes, qui ont rendu le langage des Arts plus
riche & plus éloquent. Ainſi pour indiquer que la ſource du Nil *a* eſt
dans les hautes montagnes de l'Ethiopie, Pouſſin a repréſenté ce
fleuve, déſigné d'ailleurs par le Sphinx & la corne d'abondance, qui
lui ſont propres (*), aſſis ſur un roc élevé; une pauvreſſe enveloppée
de ſon mauvais drap *b*, qui attend à la porte de ſa caverne la charité
des paſſans, fait alluſion aux *Amboſins*, peuples de l'Ethiopie, voi-
ſins de cette ſource, qui languiſſent dans l'indigence & la pauvreté.
Veut-on retracer une ſcêne agréable & champêtre, telle que l'empire
de Flore du même Pouſſin? les Anciens nous ont ſuggéré d'y intro-
duire le therme de quelque Divinité ruſtique *c*, ou celui d'un Faune
& d'une Driade à buſtes accolés, & orné de guirlandes *d*. Une corne
pleine de fleurs & de fruits *e*, un tambour de baſque *f*, ſont les ſym-
boles de la fertilité & de la joie : l'antique les a employés avec ſuccès
dans les réjouiſſances publiques, célébrées en l'honneur de Cérès. On
peut traiter, ſuivant les mêmes principes, les traits d'hiſtoire les plus
ſérieux. Le grand Peintre d'Andeli que nous venons de citer, a caractériſé le temple de Dagon, & la peſte des Philiſtins; l'un par la
ſtatue de cette Divinité renverſée, briſée devant l'Arche ſainte, & par
un ſacrifice idolâtre ſculpté dans un bas-relief; l'autre par les inſectes
qui naquirent de ce fléau *g*, par le genre de maladie qu'indique un
infirme, & par des peſtiférés qu'on enſevelit : triſtes images, mais parfaitement analogues au ſujet de ſon tableau.

P L A N H E   X I.

C'est par les mêmes maximes ſymboliques, qu'un trait d'hiſtoire;

(*) Le Sphinx Grec & l'Egyptien different en ce que le premier a communément des
ailes d'aigle, la tête & la gorge d'une femme, aſſociées avec le corps d'un lion ; le ſecond
qui eſt d'ordinaire ſans ailes, a le viſage & le ſein couvert d'une jeune fille, & ne reſſem-
ble à l'autre que par le corps. Dans la corne d'abondance du Nil on mêle une petite pyramide ; c'eſt-là un de ſes attributs diſtinctifs. L'antique a ſouvent aſſocié à ce fleuve un croco-
dile & pluſieurs petits enfans qui déſignent ſes différentes crues d'eau.

paſſé devant Pharaon, eſt caractériſé par l'Ibis (*) au bout d'une lance
a, a; que ce qu'il y a de plus reſpectable dans la Religion eſt déſigné
par une ſimple lettre *e*, placée au haut d'un pilaſtre *b* ſolidement élevé
ſur un ſocle (**); que Lacédémone & le temple où ſe refugia Licurgue,
après avoir été bleſſé dans une ſédition (**), ſont heureuſement expri-
més par le Tribomos *c*, qu'il y avoit dans la Ville près de cet aſyle ſacré;
que l'on indique Rome par la figure du Tibre *d*, ayant à ſes pieds
la louve qui allaita les illuſtres jumeaux; & qu'enfin on donne une
juſte idée du pouvoir de l'Amour ſur les cœurs les plus féroces, par
la repréſentation d'un lion que ce Dieu a dompté *e*, & qu'il charme
par les accords de ſa lyre (****).

***

(*) Oiſeau reſſemblant à la cigogne, fier ennemi des ſerpens & de leurs œufs qu'il dé-
vore. Il aime tellement les bords du Nil, que lorſqu'on le tranſporte ailleurs il ſe laiſſe
mourir de faim. Les Egyptiens en avoient fait une Divinité, dont les Souverains ſe formoient
un de leurs principaux étendarts. Il y a des Ibis blancs; mais les plus communs ont le dos
mêlé de noir, de verd & de pourpre : ils ont toujours le ventre blanc.

(**) Dans les ſept Sacremens du Pouſſin, l'Ordre eſt repréſenté par le pouvoir que le Sau-
veur donne à S. Pierre en lui remettant les clefs. L'E, indicatif d'*Eccleſia*, tracé au haut du
pilaſtre, déſigne l'Egliſe Catholique, ſupérieure à toutes les autres par la pureté de ſa morale; & la pierre qui lui ſert de fondement rappelle la ſolidité de cette Egliſe, contre laquelle les portes de l'enfer ne prévaudront jamais.

(***) Voyez le morceau de réception de M. Cochin à l'Académie Royale de Peinture &
de Sculpture : beau deſſin à la ſanguine qui a été gravé avec ſuccès par un de nos ſavans Artiſtes
dans la maniere du crayon.

(****) Ce monument érigé, dit-on, dans le Château d'un gentilhomme Lucquois, décoroit
une ſource nommée la *Fontaine des cœurs*, parce qu'un uſage immémorial avoit établi qu'on
n'y puiſeroit de l'eau que dans des cruches où ſeroit l'empreinte d'un cœur *f*. L'objet du gentilhomme étoit de préſenter une morale ſalutaire contre les dangers de l'amour; louable projet
qui n'eut qu'un ſuccès bien médiocre. On ajoute à cette particularité que l'eau de cette ſource
étoit tiéde le matin, froide à midi, chaude le ſoir, bouillante à minuit, & qu'elle commençoit
à ſe refroidir depuis minuit juſqu'au lever de l'aurore. Telle eſt la *Fontaine du ſoleil* qu'Hérodote
aſſure être chez les *Ammoniens* derniers peuples de Lybie.

Fin du neuvième Cahier.

9.e C.er
B.
A.
C.
D.
E.
Pl. II.
I. ANT. OP.
miger Sculp.

A.
B.

COR· L· VER· & M· H· IR·
.C.
.A.
.B.
.D.
.E.
.F.

.A.
.B.
.B.

9.e C.r
Pl. VI.
A.
B.
C.
D.

A
B
C
.D

9.Cr
Pl. VIII.
C.
B.
A.
SPQR

.A.
.B.
.C.

.A.
B.
C.
.D.
.E.

D.
A.
C.
B.
G.
F.

9.e C.er
Pl. XII.
A.
C.
A.
E.
B.
D.
E.
F.

www.ingramcontent.com/pod-product-compliance
Ingram Content Group UK Ltd.
Pitfield, Milton Keynes, MK11 3LW, UK
UKHW031848170726
13836UKWH00004B/1961